Yvain ou le Chevalier au Lion

CHRÉTIEN DE TROYES

vers 1170

TABLE DES MATIERES

YVAIN OU LE CHEVALIER AU LION

61a.1
Li boins roys Artus de Bretaigne,
La qui proeche nous ensengne
Que nous soions preus et courtois,
Tint court si riche conme rois
A chele feste qui tant couste,
C'on doit nonmer le Penthecouste.
Li rois fu a Cardoeil en Gales;
Aprés mengier, parmi les sales,
Li chevalier s'atropelerent
La ou dames les apelerent
Ou damoiseles ou pucheles.
Li un recontoient nouveles,
Li autres parloient d'Amours,
Des angousses et des dolours
Et des grant biens qu'en ont souvant
Li desiple de son couvant,
Qui lors estoient riche et gens;
Mais il y a petit des siens,
Qui a bien pres l'ont tuit laissie,
S'en est Amours mout abaissie;
Car chil qui soloient amer
Se faisoient courtois clamer,
Que preu et largue et honnorable;
Mais or est tout tourné a fable,

61b.25
Car tiex y a qui riens n'en sentent,
Dïent qu'il ayment et si mentent,
Et chil fable, menchongne en font
Qui s'en vantent et droit n'i ont.
Mais pour parler de chix qui furent,
Laissons chix qui en vie durent,
Qu'encor vaut mix, che m'est avis,
Un courtois mors c'uns vilains vis.
Pour che me plais a reconter
Chose qui faiche a escouter
Du roy qui fu de tel tesmoing
C'on en parole pres et loing;
Si m'acort de tant ad Bretons
En tant qu'i nonment des boins les nons
Et par aux sont ramenteü
Li boin chevalier esleü
Qui en amor se traveillierent.
Mais chel jour mout s'esmerveillierent
De chil qui d'entr'euz se leva;
Si eut de tix qui mout pesa
Et qui mout grant parole en firent,
Pour che que onques mais ne virent
En haute feste en chambre entrer
Pour dormir ne pour reposer;
Mais chel jour ainsi li avint
Que la roÿne le retint,
Si demoura tant delés li
Qu'il s'oublia et endormi.
A l'uis de la chambre dehors
Fu Dodinez et Sagremors,
Li rois et mesire Gavains,

61c.56
Et si fu pres mesire Yvains,
Et fu avec Calogrenans,
Unz chevaliers mout avenans
Qui lors out conmenchié .i. conte,
Non de s'onnor, mais de sa honte.
Ainsi que sen conte contoit
Et la roÿne l'escoutoit,
Si s'est delés le roi levee

Et vint seule; si s'est emblee.
Anchois que nus le puist veoir,
Se fu laissie entr'eus queoir;
Et dont Calogrenans sans plus
Sali en piés contre li sus.
Et Queuz, qui mout fu ramporneus,
Fel et poignans et despiteus,
Li dist: " Par Dieu, Calogrenant,
Mout vous voi or preu et saillant,
Et encor mout m'est bel que vous
Estes li plus courtois de nous;
Et bien sai que vous le quidiés,
Tant estes vous de sens widiés.
S'est drois que ma dame l'otrit,
Que vous aiés plus que nous tuit
De courtoisie et de proeche:
Ja laissames or pour proeche,
Espoir, que nous ne nous levames
Ou pour che que nous ne deignames.
En non Dieu, sire, nous feïmes,
Mais pour che que nous ne veïmes
Ma dame, ains que fustes levés.
- Chertes, Kés, ja fussiés crevés,

61d.87
Fait la roÿne, au mien quidier,
Se ne vous peüssiés widier
Du venin dont vous estes plains.
Enuieus estes et vilains
De ramporner vos compagnons.
- Dame, se nous ne gaagnons,
Fait Keu, en vostre conpagnie,
Gardés que nous n'i perdons mie.
Je ne quit avoir cose dite
Qui me doie estre mal escrite.
Je vous pri, or taisiés vous ent:
Il n'a courtoisie ne sens
En plait d'uiseuse maintenir;
Chest plait ne doit avant venir
Ne ne doit plus avant monter.
Mais faites nous avant conter
Che qu'il avoit ains conmenchié,
Que si ne doit avoir tenchié. "

7

A cheste parole s'apont
Calogrenans et chi respont:
" Sire, fait il, de la tenchon
N'i a mie grant mesproïson;
Petit m'en est, a poi le pris.
Se vous avés vers moi mespris,
Je n'i arai ja nul damage:
A miex vaillant et a plus sage,
Mesire Keus, que je ne sui,
Avés vous souvent dit anui,
Que bien en estes coustumiers.
Tousjours doit puir li fumiers,
Et tahons poindre, et malos bruire;

62a.118
Si doivent enuieus mesdire.
Mais je n'en conterai huimés,
Se ma dame m'en laisse em pais,
Et je li pri qu'ele s'en taise,
Que le chose mout* me desplaise
Ne me conmant, soie merchi.
- Dame, trestuit chil qui sont chi,
Fait Keus, boin gré vous en saront,
Que volentiers l'escouteront;
Ne n'en faites or riens pour moi,
Mais, foi que vous devés le roi,
Le vostre seigneur et le mien,
Quemandés li, si ferés bien.
- Cologregnant, fait le roÿne,
Ne vous chaille de la haïne
Monseigneur Keu, le seneschal;
Coustumiers est de dire mal,
Si c'on ne l'en puet chastier.
Quemander vous veul et proier
Que ja n'en aiés au cuer ire
Ne pour lui ne laissiés a dire
Chose qui faiche a oïr,
Se de m'amor volés joïr;
Si conmenchiés tout derechief.
- Chertes, dame, che m'est mout grief
Que vous me quemandés a faire;
Ains me laissaisse .i. des iex traire
Que hui mais nule riens contaisse,

Se courouchier ne vous doutaisse;
Mais je ferai che qui vous siet,
Conment que la chose me griet.

62b.149
Puis qu'i vous plaist, or entendés!
Cuer et oroeilles me rendés,
Car parole oïe est perdue
S'ele n'est de cuer entendue.
Or y a tix que che qu'il oent
N'entendent pas, che que il oent*;
Et chil n'en ont fors que l'oïe,
Puis que li cuers n'i entent mie.
As oreilles vient le parole
Aussi conme li vens qui vole;
Mais n'i arreste ne demore,
Ains s'en part en mout petit d'ore
Se li cuers n'est si escilliés
C'a prendre soit appareilliés;
Que chil le puet en son venir
Prendre et enclorre et retenir.
Les oreilles sont voie a vois
Ou parent y entre la vois;
Et li cuers prent dedens le ventre
Le vois qui par l'oreille y entre.
Et qui or me vaurra entendre,
Cuer et oreilles me doit rendre;
Car ne veul pas servir de songe,
Ne de fable ne de menchonge,
Dont maint autre vous ont servi,
Ains conterai che que je vi.
Il avint, pres a de .vi. ans,
Que je, seus conme païsans,
Aloie querant aventures,
Armés de toutes armeüres
Si con chevaliers devoit estre;

62c.178
Et trouvai un chemin a destre,
Parmi une forest espesse.
Mout y ot voie felenesse,
De ronses et d'espines plaine.
A quel ahan et a quel paine

Tout* chele voie et chel sentier!
A bien pres tout le jour entier
M'en alai chevauchant ainsi
Tant que de la forest issi,
Et che fu en Brocheliande.
De la forest en une lande
Entrai et vi une breteche
A demie lieue galesche;
Tant i ot bien, plus n'i ot pas.
...*
Et vi le barre et le fossé
Tout environ parfont et lé,
Et seur le pont em piés estoit
...*,
Sor son poing .i. ostoir mué.
Ne l'oi mie bien salué
Quant il me vint a l'estrier prendre,
Si me conmanda a descendre.
Je descendi; il n'i ot el,
Que mestier avoie d'ostel;
Et il me dist tout maintenant,
Plus de .vii. fois en un tenant,
Que benoite fust la voie
Par ou laiens venus estoie.
Atant en la court en entrasmes,
Le pont et le porte passames.
Enmi le court d'un vavassour,
Qui Dix doigne joie et honor

62d.211
Tant conme il fist moi chele nuit,
Pendoit une table, je cuit,
Ou il n'avoit ne fer ne fust
Ne riens qui de coivre ne fust.
Seur chele table d'un martel
Qui delés iert en .i. postel
Feri le vavassor trois caux.
Chil qui ierent amont enclos
Oÿrent le vois et le son;
S'isirent hors de la maison
Et vinrent en la tour aval.
Li un tornerent au cheval,
Que li boins vavassor tenoit;

Et je vi que vers moi venoit
Une puchele bele et gente.
En li esgarder mis m'entente:
Ele fu longue et graille et droite.
De moi desarmer fu adroite,
Qu'ele le fist et bien et bel;
Puis m'afubla en court mantel
Vert d'escallate paonnache;
Et tuit nous guerpirent le plache,
Que avec moi ne avec li
Ne remainst nus; che m'abeli,
Que plus ne queroie veoir.
Et ele me mena seoir
El plus bel praelet du monde,
Tout clos de basme a la reonde.
La le trouvai si afaitie,
Si bien parlant et enseignie,
De tel samblant et de tel estre

63a.242
Que mout m'i delitoit a estre,
Ne janmais pour vivre estouvoir
Ne m'en quisisse remouvoir.
Mais tant, la nuit, me fist de guerre
Li vavassours qu'i me vint querre
Quant du souper fu tans et heure;
N'i poi plus faire de demeure,
Si fis tost son quemandement.
Du souper vous dirai briesment
Qu'il fu du tout a ma devise,
Des que devant moi fu assise
La puchele, qui s'i assist.
Aprés souper itant me dist
Li vavassours qu'il ne savoit
Le terme puis que il avoit
Herbegié chevalier errant
Qui aventure alast querant;
Si'n avoit il maint herbegié.
Aprés che me proia que gié
Par son hostel m'en revenisse
En guerredon se je poïsse,
Et je li dis: " Volentiers, sire ",
Que hontes fust de l'escondire.

Mout fui bien la nuit hostelés,
Et mes chevax fu enselés
Si tost c'on pot le jour veoir,
Et je l'oi mout proié le soir;
Si fu bien faite ma priere.
Mon boin hoste et sa fille chiere
A Saint Esperit conmandai;
A trestous congié demandai,

63b.275
Si m'en parti ains que je poi.
L'ostel gaires eslongié n'oi
Quant je trouvai en .i. cossars
Tors sauvages et esparars
Qui s'entreconbatoient tuit
Et demenoient si grant bruit
Que de paour me trais arriere,
Que nule beste n'est plus fiere
Ne plus orgueilleuse de tor.
Uns vilains qui resambloit Mor,
Grans et hideus a desmesure
Et si tres laide creature
Que nus porroit dire de bouche,
Ychil seoit seur une çouche,
Une grant machue en se main.
Je m'aprochay vers le vilain
Et vi qu'il eut grosse la teste
Plus que ronchins ne autre beste,
Cheveuz ot noirs et front pelé,
S'out bien .ii. espanes de lé,
Oreilles moussues et grans
Aussi con a .i. oliffans,
Les sourchis grans et le vis plat,
Le coulle noire, nes de chat,
Bouche fendue conme lous,
Dens de sengler agus et rous,
Barbe noire et grenons tortis,
Et le menton aers au pis,
Longue eskine, torte et bochue.
Apoiés fu seur se machue,
Vestus de robe si estrange

63c.308

12

Qu'il n'i avoit ne lin ne lange,
Ains eut a son col atachiés
Deux cuirs, de nouvel escorchiés,
De .ii. toriaus ou de .ii. bués.
Em piés sali li vilains lués
Qu'il me vit vers lui aprochier.
Je ne soi s'il me vaut touchier
Ne ne soi qu'i voloit emprendre,
Mais je me garni de deffendre
Tant que je vi que il s'estut
Em piés tous drois, si ne se mut,
Et fu montés deseur un tronc,
S'ot bien .xvii. piés de lonc;
Si m'esgarda et mot ne dist,
Nient plus c'une beste feïst;
Et je quidai que il n'eüst
Raison ne parler ne seüst.
Toutesvoies tant m'enhardi
Que je li dis: " Va, c'or me di
Se tu es boine chose ou non! "
Et il me dist: " Je sui uns hom.
- Ques hom? di je. -Tes con tu vois;
Je ne sui autres nule fois.
- Et que fais tu ychi tous cois?
- Si gart ches bestes par chu bois.
- Conment? Pour saint Perre de Ronme!
Et ne connoissent eles honme;
Je ne cuit n'a plain n'a boscage
Puissent garder beste sauvage.
- Je les gart si voir et justis
Que ja n'istront de chest pourpris.

63d.341
- Et tu, conment? Di m'ent le voir.
- N'i a cheli qui s'ost mouvoir
Des qu'eles me voient venir;
Car quant j'en puis l'une tenir,
Si le destraing parmi le cors,
Ad poins que j'ai et durs et fors,
Que les autres de paour tramblent
Et tout environ moi s'asamblent
Aussi con pour merchi crier;
Ne nus ne s'i porroit fier,

Fors moi, s'entr'eles s'estoit mis,
Que maintenant ne fust ochis.
Ainsi sui de mes bestes sire,
Et tu me deveroies dire
Ques hom tu es et que tu quiers.
- Je sui, fait il, uns chevaliers
Qui quier che que ne puis trouver*;
Assés ai quis et riens ne truis.
- Et que vaurroies tu trouver?
- Aventures pour esprouver
Ma proeche et mon hardement.
Or te pri et quier et demant,
Se tu ses, que tu me conseilles
Ou d'aventures ou de merveilles.
- A che, fait il, faurras tu bien:
D'aventures ne sai je rien
N'onques mais n'en oï parler.
Mais se tu voloies aler
Chi pres dusc'a une fontaine,
N'en revenroies pas sans paine,
Se tu ne rendoies son droit.

64a.372
Chi pres trouveras orendroit
Un sentier qui la te menra.
Tout droit la droite voie va,
Se bien veus tes pas emploier,
Que tost porroies desvoier:
Il y a d'autres voies mout.
La fontaine venras qui bout,
S'est ele plus froide que mabres.
Ombres li fait li plus biaus arbres
C'onques peüst faire Nature.
En tous tans le fueille li dure,
Qu'il ne le pert pour nul yver.
Et si pent .i. bachin de fer
A une si longue chaine
Qui dure dusqu'en la fontaine.
Les la fontaine trouveras
Un perron tel con tu venras,
Mais je ne te sai dire quel,
Que je n'en vi onques nul tel;
Et d'autre part une chapele,

Petite, mais ele est mout bele.
S'au bachin veus de l'iaue prendre
Et desus le perron espandre,
La venras une grant tempeste
Qu'en chest bos ne remanrra beste,
Chevreus ne dains ne chiers ne pors,
Nis li oisel s'en istront hors;
Car tu venras si fort froier,
Venter et arbres pechoier
Et pour voir tourner et partir
Que, se tu t'en pués departir

64b.403
Sans grant anui et sans pesanche,
Trop seras de meilleur chaanche
Que chevalier qui il* fust onques."
Du vilain me parti adoncques,
Qui bien m'ot la voie moustree.
Espoir si fu tierche passee
Et pot estre pres de midi
Quant l'arbre et le chapele vi.
Bien sai de l'arbre, ch'est la fins,
Que che estoit li plus biaus pins
Qui onques sor tere creüst.
Je quit c'onques si fort ne plut
Que d'yaue y passast une goute,
Anchois couloit par dessus toute.
A l'arbre vi le bachin pendre,
Du plus fin or qui fust a vendre
Onques encore en nule foire.
De la fontaine poés croire
Qu'ele bouloit c'une yaue chaude.
Li perrons fu d'une esmeraude,
Perchié aussi con une bouz;
S'avoit .iiii. rubins desous,
Plus flamboians et plus vermaus
Que n'est au matin li solaus
Quant il appert en orient.
Et sachiés ja a enscient,
Ne vous en mentirai de mot.
La merveille a veoir me plot
De la tempeste et de l'orage,
Dont je ne me tieng mie a sage,

Que maintenant m'en repentisse

64c.434
Mout volentiers se je poïsse,
Que j'oy le perron crevé
De l'iaue au bachin arousé.
Mais trop y en versai, che dout,
Que lors je vi le chiel derout:
De plus de quatorisme pars
Me feri es lais li espars
Et les nues tout pelle melle
Jetoient noif, pluie et graille.
Tant fu tans pesmes et fors
Que je quidai bien estre mors
Des fourdres qu'entor moi caoient
Et des arbres qui depechoient.
Saichiés que mout fui esmaiés,
Tant que li tans fu rapaiés.
Mais Dix tant me rasseüra
Que li tans gaires ne dura
Et tuit li vent se reposerent;
Quant Dix ne plot venter n'oserent.
Et quant je vi l'air cler et pur,
De joie fui tout asseür,
Que joie, s'onques le connui,
Fait tost oublier grant anui.
Des que li tans fu trespassés,
Vi tant seur le pin amassés
Oysiaus, s'est qui croire m'en veulle,
Qu'il n'i paroit branche ne fuelle
Que tout ne fust couvert d'oisiaus;
S'en estoit li arbres plus biaus;
Et trestuit li oisel chantoient
Si que trestuit s'entracordoient;

64d.465
Mais divers chans chantoit chascuns,
C'onques che que cantoit li uns
A l'autre canter n'i oï.
De lor joie me resjoï,
S'escoutai tant qu'il orent fait
Lor serviche trestout a trait.
Ains mais n'oï si bele joie

16

Ne mais ne cuit que nus hom l'oie
Se il ne va oïr chelui
Que tant me pleut et enbeli
Que je me dui pour fol tenir.
Tant y fui que j'oï venir
Chevaliers, che me fu avis;
Bien cuidai que il fussent dis,
Tel noise, tel fraint demenoit
Unz seuz chevaliers qui venoit.
Quant je le vi tout seul venant,
Mon cheval restrains maintenant
N'au monter demeure ne fis;
Et chil me vint, mal talentis,
Plus tost c'uns drois alerions,
Fiers par samblant conme lions.
De si haut conme il pot crier
Me conmencha a deffier
Et dit: " Vassaus, mout m'avés fait,
Sans deffianche, honte et lait.
Deffier me deüssiés vous
S'il eüst querele entre vous,
Ou au mains droiture requerre
Ains que vous me meüssiés guerre.
Mais se puis, sire vassaus,

65a.496

Seur vous en remanrra li maus
Du damage qui est parans;
Environ moi est li garrans
De mon bos, qui est abatus.
Plaindre se doit qui est batus;
Et je me plaing, si ai raison,
Que vous m'avés de ma maison
Jeté a foudres et a pluye.
Fait m'avés chose qui m'anuie,
Et dehait ait qui che est bel,

65b.506

Qu'en men bois et en mon chastel
M'avés ore fait tel outrage
Que mestier ne m'eüst aÿe
D'onmes ne d'armes ne de mur.
Onques n'i ot honme asseür

17

En forteleche qui y fust
De dure pierre ne de fust.
Mais sachiés bien que desormais
N'arés de moi trieves ne pais. "

65c.515
A chest mot nous entrevenismes,
Les escus enbrachiés tenimes,
Si se couvri chascuns du sien.
Li chevaliers ot cheval boin,
Lanche droite et fu sans doute
Plus grant de moi la teste toute.
Ainsi du tout a meschief fui,
Que je fui plus petit de lui
Et ses chevaus plus fors du mien.
Parmi le voir, che saichiés bien,
M'en vois pour ma honte couvrir.
Si grant cop con je poi ferir
Li donnai, c'onques ne m'en fains;
El comble de l'escu l'atains;
Si mis trestoute ma puissanche
Si qu'en pieches vola ma lanche;
Et la soie remainst entiere,
Qu'ele n'estoit mie legiere,
Ains iert plus grosse, au mien quidier,
Que nule lanche a chevalier,
C'ains si grosse nule n'en vi.
Et li chevaliers m'en feri
Si roidement que du cheval,
Parmi la crupe du cheval*,
Me mist a le tere tout plat;
Si me laissa honteus et mat,
Que onques ne me regarda.
Mon cheval prinst et moy laissa,
Si se mist ariere a la voie;
Et je, qui mon roy n'i savoie,
Remés angousseus et pensis.

65d.546
Delés le fontaine m'assis
Un petit, si me reposai.
Le chevalier si resongnai
Que folie faire doutaisse

Se aprés lui tantost alaisse.
Aprés tost ne soi qu'il devint.
En la fin, volentés me vint
Qu'a mon hoste couvent tenroie
Et que par lui m'en revenroie.
Ainsi me plot, ainsi le fis;
Mais mes armes toutes jus mis
Pour aler plus legierement;
Si m'en reving honteusement.
Quant je ving tout droit a l'ostel,
Si trouvai mon hoste autel,
Aussi lié et aussi joiant
Conme j'avoie fait devant.
Onques de riens ne m'aprechui,
Ne de sa fille ne de lui,
Que mout* volentiers me veïssent
Ne que mon desonnor feïssent
Ne qu'il avoient fait l'autre nuit.
Grant honnor me porterent tuit,
Les lors merchis, en la maison;
Et disoient c'onques mais hom
N'iert escapés, que il seüssent
Ne qu'il oÿ dire l'eüssent,
De la dont j'estoie venus,
Que n'i fust prins et retenus.
Ainsi alay, ainsi reving;
Au revenir pour fol me ting.

66a.577
Ainsi vous conte conme fox
Et* c'onques mais conter ne vox.
- Par mon chief, dist mesire Yvains,
Vous estes mes cousins germains,
Si nous devons mout entramer;
Mais de che vous puis fol clamer
Que vous le m'avés tant chelé.
Se je vous ay fol apelé,
Je vous pri qu'il ne vous en poist,
Car se je puis et il me loist,
G'irai vostre honte vengier.
- Bien pert qu'il est aprés mengier,
Fist Keus, qui taire ne se pot.
Plus a paroles en plain pot

19

De vin qu'en .i. muy de chervoise.
On dit que chat saous s'envoise.
Aprés mengier sans remuer,
Et puis chascuns si veut tuer,
Et vous irés vengier Fourré!
Sont vostre penel enbouré
Et vos chausses de fer froÿes
Et vos banieres desploÿes?
Or tost, pour Dieu, mesire Yvains,
Mouvrés vous anuit ou demains?
Faites le nous savoir, biau sire,
Quant vous irés a chest martire,
Que nous vous vaurrons convoier;
N'i ara prevost ne voier
Qui volentiers ne vous convoit.
Mais je vous pri, conment qu'il soit,
N'en alés pas sans vos congiés.

66b.608
Et se vous anuit point songiés
Malvais songe, si remanés!
- Diables estes vous forsenés,
Mesire Keus, fait la roÿne,
Que vostre langue onques ne fine?
La vostre langue soit honnie,
Qui tant est esquemenie!
Chertes, vostre langue vous fait
Le pis que ele puet, si fait.
Chascuns si dit, quiconques l'oit:
" Chest* le langue qui ains ne recroit
De mal dire; soit maloite! "
La vostre langue si esploite
Qu'ele vous fait partout haïr.
Pis ne vous puet ele traïr.
Bien sachiés, je l'apeleroie
De traÿson s'ele estoit moie.
Honme qu'en ne puet chastier
Devroit on au moustier lier
Et li clamer conme prouvés*.
- Chertes, dame, de ses rampornes,
Fait mesire Yvains, ne me chaut.
Tant puet et tant set et tant vaut
Mesire Keus en toutes cours

Que il n'iert ja muyaus ne sours.
Bien set encontre vilenie
Respondre sens et courtoisie;
Si ne fist onques autremant.
Ja savés vous se je ment.
Mais je n'ai cure de tenchier
Ne de mellee conmenchier;

66c.639
Que chil ne fait pas le mellee
Qui fiert la premiere colee,
Ains le fait chil qui se revenge.
Bien tencheroit a un estrange
Qui ramposne son compaignon.
Ne veul pas sambler le guaignon
Qui se heriche et regrigne
Quant .i. autre mastin le rekingne. "
Queque il parloient ainsi,
Li rois hors de sa cambre issi,
Qu'ill i ot fait longue demeure,
Car il dormi jusqu'a chele heure.
Et li baron, quant il le virent,
Tuit en piés contre li salirent
Et il tost rasseïr les fist.
Delés la roÿne s'assist,
Et la roÿne maintenant
Les nouveles Calogrenant
Li reconte tout mot a mot,
Que bien et bel conter li sot.
Li rois les i oï volentiers
Et fist trois seremens entiers,
L'ame de Pandragon son pere
Et la son fil et la son frere,
Qu'il iroit veoir la fontaine,
Ja ainz ne passeroit quinzaine,
Et le tempeste et le merveille,
Si que il y venra la veille
Monseigneur saint Jehan Baptiste,
Et si prendra la nuit son giste,
Et dit que avec li iront

66d.670
Tuit chil qui aler y vaurront.

21

De che que li rois devisa
Toute la cours miex l'em prisa,
Car mout y voloient aler
Li baron et li bacheler.
Mais qui qu'en soit liés et joians,
Mesire Yvains en fu dolans,
Qu'il en quidoit aler tous seus;
S'en fu dolans et angousseus
Du roi, qui aler y devoit.
Pour che seulement li grevoit
Qu'il savoit bien que la bataille
Aroit mesire li rois, sans faille,
Ains que il, si le requeroit;
Ja veé ne li seroit;
Ou mesire Gauvains meïsmes,
Espoir, le demandera primes.
Se nus de ches .ii. la requiert,
Ja contredite ne li iert;
Mais il ne les atendra mie,
Qu'il soigne de lor compagnie,
Ains s'en yra tous seus, son veul,
Ou a sa joie ou a son duel,
Et, qui que remaingne a sejour,
Il y veut aler ains tierz jour,
En Brocheliande, et querra,
Se il puet, tant qu'il trouvera
L'estroit sentier, le chemin fort
Et la lande et le maison fort
Et le soulas et le deport
De la courtoise damoisele

67a.702
Qui tant est avenans et bele.
Et le prodons sa voie a prinze,
Qui en honeur faire s'esille,
Tant est frans et de boine part.
Puis venra le cors* en l'essart
Et le grant vilain qui les garde.
Li veoirs li demeure et tarde
Du vilain qui tant par est lais,
Grans et hideus et contrefais
Et noirs a guise de ferron.
Puis venra, s'i puet, le perron

Et le fontaine et le bachin
Et les oysiaus deseur le pin;
Si fera plouvoir et venter.
Mais il ne s'en quiert ja vanter
Ne ja, son veul, ja ne savra
Juques tant que il y ara
Grant honte ou grant honeur eüe,
Puis si soit la chose seüe.
Mesire ist, de la court s'emble
Si que nul honme n'i asamble,
Mais seus vers son hostel s'en va.
Toute sa maisnie trouva,
Si quemande metre sa sele;
Un sien esquier y apele
Cui il ne cheloit nule rien:
" Di va! fait il, aprés moi vien
La fors et mes armes me porte!
Je m'en ystrai par chele porte,
Qu'il me couvient mout loins errer.
Et mon cheval fai enseler,

67b.735
Si l'amaine tost aprés moy
Et ramanras mon palefroy.
Mais garde bien, je te conmant,
Que nul qui de moi te demant,
Que la nouvele ne l'en dies.
Se tu en moi de riens te fies,
Ja mar t'i firoies mais.
- Sire, fait il, or en est pais,
Que ja par moy nul ne sara.
Alés! quar je vous sieurrai ja. "
Mesire Yvains maintenant monte,
Qu'il vengera, s'il puet, la honte
Son cousin ains que il retourt.
Li esquiers as armes keurt
Et au cheval, si monta sus,
Que de demourer n'i a plus.
Lors n'i faloit ne fers ne cleus.
Sen seigneur suit parmi les lieus
Tant que il le vit descendu,
Qu'il l'avoit .i. poi atendu
Loins du chemin, en .i. destour.

Tout son harnois et son atour
Ot aporté, si l'atourna.
Mesire Yvains ne sejourna
Puis qu'armés fu, ne tant ne quant,
Anchois erra chascun jour tant
Par montaignes et par valees
Et par forés longues et lees,
Par lieus estranges et sauvages,
Si passa maint felons passages
Et maint perilz et maint destroit

67c.766
Tant qu'il vit le sentier estroit
Plains de ronces et d'oscurtés;
Et lors fu il asseürés
Qu'il ne porroit mais esgarer.
Lors conmencha fort a esrer;
Ne li chaut mais fors que il voie
Le pin lau la fontaine ombroie
Et le perron et la tourmente
Qui tonne et pluye et vente et graille*.
La nuit out, che poés savoir,
Tel hostel conme il dut avoir,
Car plus de bien et plus d'onnour

67d.778
Trouva assés el vavassour
C'on ne li ot conté ne dite*;
Et en la puchele revit
Grant bien et bonté, si qu'il dit,*
De sens et de biauté chent tans
Que n'ot conté Calogrenans;
Qu'en ne puet pas dire la sonme
De boine dame et de prodonme
Quant il s'atourne a grant bonté.
Ja n'iert tout dit ne tout conté,
Que langue ne porroit retraire
Tant d'onneur que prodons set faire.

68a.789
Mesire Yvains chele nuit ot
Mout boin hostel et mout li plot.
Et quant che vint a l'endemain,

Si vit les tors et le vilain,
Qui la voie li enseigna;
Mais plus de .c. fois se seigna
De la merveille que il ot,
Conment Nature faire sot
Oevre si laide et si vilaine.
Puis erra dusque a la fontaine,
Si vit quanques il vaut veoir.
Sans arrester et sans seoir,
Versa seur le perron de plain
De l'yaue le bachin tout plain.
De maintenant venta et plut
Et fist tel temps que faire dut.
Et quant Dix redonna le bel,
Sor le pin vinrent li oysel
Et firent joie merveillouse
Seur la fontaine perillouse.
Ains que la joie fust remese,
Vinrent*, plus ardans que n'est brese,
Li chevaliers a si grant bruit
Con s'i cachast un cherf de ruit.
Lors s'asanlerent et si vinrent
Tous deuz et mout grant sanlant firent
Qu'il s'entrehaïssent de mort.
Chascuns ot lanche roide et fort;
Si s'entredonnent mout grans cos,
Que tous les escus de lors cols
Perchent et li hauberc deslichent;
...*

68b.821
Et li tronchon volent en haut.
Li uns l'autre a l'espee assaut;
Si ont, au caple des espees,
Les guiges des escus copees
Et les escus dehachiés tous,
Et par desus et par desous,
Si que les pieches en dependent
N'il ne s'en keuvrent ne deffendent;
Car si les ont haligotés
Car* delivre seur les costés
Et seur les bras et seur les hanches
Assïent les espees blanches.

Perilleusement s'entrepreuvent
N'onques d'un estal ne se meuvent,
Nient plus que fesissent .ii. grés.
Ains .ii. chevaliers si engrés
Ne furent de lor mort haster.
Ne veulent pas lors cors gaster,
Car au mix qu'il püent* les emploient.
Li hiaume enbruncherent et ploient
Et des aubers les maillent* volent,
Si que de sanc assés se tolent;
Car d'euz meïsmes sont si chaut
Li hauberc que chascuns ne vaut
A chascun gaires plus d'un froc.
Ens el vis se fierent d'estoc,
S'est merveilles conment tant dure
Bataille si pesme et si dure;
Mais andui sont de si grant cuer
Que li uns pour l'autre, a nul fuer,
De tere un pié ne guerpiroit

68c.852
Se dusques a mort ne l'enpiroit.
Et de che firent mout que preu
C'onques lors chevaus en nul lieu
Ne navrerent ne n'empirierent,
Que il ne vaurrent ne daignerent,
Mais tous jours ad chevax se tinrent,
Que nule fois a pié ne vinrent;
S'en fu le bataille plus bele.
En la fin son hiaume esquartele
Au chevalier mesire Yvains.
Du cop fu estourdis et vains
Li chevaliers; si s'esmaia,
C'onques si felon n'ensaya,
Que il eut desous le chapel
Le chief fendu jusqu'a chervel,
Si que a le chervele et du sanc
Toucha le maille du hauberc blanc,
Dont il si grant dolour senti
C'a poi li cuers ne le senti*.
Si fist il puis, non mie tost,
Car il se sent navrés a mort,
Que riens ne li valut deffence.

Si tost s'en fuit, quant il s'apense,
Vers son hostel, tous eslaissiés,
Et li perrons fu abaissiés
Et la porte ouverte a bandon;
Et mesire Yvains de randon,
Quant qu'il puet, aprés esperonne.
Si con gerfaus grue randonne,
Qui de loins vient et tant l'aproche
Tenir le quide mais n'i touche,

68d.883

Ainsi fuit chil et chil le chace
Si pres a poi qu'il ne l'embrache,
Et si ne s'en puet pas rataindre;
Si est si pres que il l'ot plaindre
De la destreche que il sent.
Mais tousjours au fuir entent
Et chil du cachier se tressue,
Qu'il crient se paine avoir perdue
Se mort ou vif ne le detient,
Que des rampornes li souvient
Que mesire Keus li ot dites.
N'iert pas de la pramesse quites
C'a son cousin avoit promises,
Ne creüs n'iert en nule guise
Se enseignes vraies n'en porte.
Du perron jusques a le porte
De son chastel l'a amené;
Si sont ens ambedui entré.
N'onme ne fenme ne trouverent
Es rues par ou il alerent,
Et vinrent ambedui d'eslais
Jusqu'a le porte du palais.
Le porte fu si haute et lee
Et avoit si estroite entree
Que .ii. chevaliers a cheval
Sans encombrier et sans grant mal
N'i porroient ensamble entrer
Ne doi honme entrencontrer,
Qu'ele estoit autresi estroite
C'une arbalaistre il puet droite.
La le rataint a l'uis fort fait,

69a.914
L'espee tenoit en agait.
En le porte a .i. tel tourment
Quant ele eschape leus et destent
Si tost que riens adoise au chief,
Ja n'i touchera tant souef.
Ainsi dui trebucht* estoient
Sous la porte, qui soustenoient
Amont une porte a coulant,
De fer esmolue et trenchant.
Quant riens chel engien adesoit,
Le porte d'amont estendoit;
S'estoit pris ou detrenchiés tous
Cui la porte ataignoit desous.
Et tout entour a droit compas
Estoit si estrois li trespas
Con se che fust sentiers batus.
El droit chemin s'est embatus
Li chevaliers mout sagement
Et mesire Yvain folement
Hurte grant aleüre aprés,
Si le vint ataignant si pres
Qu'a la porte deriere se tint;
Et de che mout bien li avint
Que si fust avant estendu:
Tout eüst esté pourfendu
Se cheste aventure ne fust,
Que ses chevaus marcha le fust
Qui tenoit le porte de fer.
Aussi con diables d'enfer,
Destent le porte contreval,
S'astaint le sele et le cheval

69b.945
Derriere et trenche tout par mi;
Mais ne toucha, la Dieu merchi,
Monseigneur Yvain fors que tant
C'au res du dos li vint raiant,
Si c'ambedeuz les esperons
Li trencha au res des talons,
Et il chaÿ tous esmaiés;
Et chil qui iert a mort plaiés
Li eschapa en tele maniere.

Une autel porte avoit derriere
Conme chele devant estoit.
Li chevaliers qui s'en fuioit
Par chele porte s'en fui
Et le porte aprés lui chaÿ.
Ainsi fu mesire Yvains prins.
Mout angousseus et entreprins
Remest dedens la sele enclos,
Qui tout estoit chelee a clos
Dorés, et paintes les masieres
De boine oevre et de couleurs chieres.
Mais de riens si grant deul n'avoit
Con de che que il ne savoit
Quel part chil en estoit alés.
D'une cambrete yleuc delés
Ouvrir vit .i. huisset estroit,
Çou qu'il estoit en chel destroit;
S'en issi une damoisele,
Seule, mout avenans et bcle,
Et l'uis aprés lui refrema.
Quant mon seigneur Yvain trouva,
Si s'esmaia mout de premiers:

69c.976
" Chertes, fait ele, chevaliers,
Je crien que mal soiés venus:
Se vous estes chaiens veüs,
Vous y serés tous depechiés,
Que mesire est a mort plaiés
Et bien sai que vous l'avés mort.
Ma dame en maine .i. duel si fort
Et ses gens environ li crïent

69d.984
Que par poi de duel ne s'ochïent;
Si vous sevent il bien chaiens,
Mais entr'eus est li duelz si grans
Que il n'i püent ore entendre.
S'il vous veulent ochirre ou pendre;
A che ne pueent il falir
Quant il vous venront asalir. "

70a.991

Et mesires Yvains respont:
" Ja, se Dix plaist, ne m'ochirront
Ne ja par eus pris ne serai.
- Non, fait ele, car j'en ferai
Avec vous ma poissanche toute.
N'est mie prodons qui trop doute;
Pour che quit que prodons soiés
Que n'estes pas trop esmaiés.
Et saichiés bien, se je pooie,
Serviche et honnor vous feroie,
Que vous le feïstes a moi.
Une fois, a le court le roi
M'envoia me dame en message.
Espoir, ne fu mie si sage,
Si courtoise ne de tel estre
Conme puchele devoit estre;
Mais onques chevalier n'i ot
Qui a moi degnast parler mot,
Fors vous, tout seul, qui estes chi;
Mais vous, la vostre grant merchi,
M'i honerastes et servistes.
Del honor que la me feïstes
Vous rendrai chi le guerron.
Bien sai conment vous avés non
Et reconneü vous ai bien:
Fil estes le roy Urïen
Et avés non mesire Yvains.
Or soiés seürs et chertains
Que, se vous croire me volés,
Ja n'i serés pris n'afolés.
Mais chest mien anel prenderés

70b.1022
Et, s'i vous plaist, si'l me rendrés
Quant je vous arai delivré. "
Lors li a l'anel tost livré,
Si li a dit qu'il a tel forche
Conme a li fus desous l'escorche,
Qui le keuvre, c'on n'en voit point;
Mais il couvient que on l'enpoint
Si qu'el poing soit la pierre enclose;
Puis n'a garde de nule chose:
Tant soit entre ses anemis,

Ja par eux ne sera maumis
Chil qui l'anel en son doit a,
Que ja veoir ne le porra
Nuz hom, tant ait les iex ouvers,
Ne que li fus qui est couvers
De l'escorche qui seur li naist.
Et che a mesire Yvain plaist.
Et quant ele li ot che dit,
Sel mena seoir en .i. lit
Couvert d'une keute si riche
Que n'avoit tele li dux d'Ostriche;
La li dist que, se il voloit,
A mengier li aporteroit;
Et il dist qu'i li estoit bel.
Le damoisele, tost et isnel,
En la cambre revient mout tost,
S'aporta .i. capon en rost
Et un gastel et une nape,
Et vin qui fu de boine crape,
Plain pot, d'un blanc hanap couvert;
Si li a a mengier offert,

70c.1051
Et cuit qu'il en estoit mestiers,
Si menga et but volentiers.
Quant il ot mengié et beü,
Si furent les gens esmeü,
Car le chevalier il queroient,
Que lor seignor vengier voloient,
Qui la estoit en biere mis.
Et chele li a dit: " Amis,
Oyés qu'il vous quierent ja tuit;
Mout y a noise et grant bruit,
Mais, qu'il* que viengne ne qui voise,
Ne vous mouvés ja pour la noise,
Que vous n'i serés ja trouvés,
Se de chest lit ne vous mouvés;
Ja venrés plaine cheste sale
De gent mout enuiouse et male
Que trouver vous y quideront;
Et si quit qu'il aporteront
Par chi le cors pour metre en tere;
Si vous conmencheront a cquerre

Et desous banes et desous lis.
Che seroit soulas et delis
A honme qui paour n'aroit,
Quant si avoelé se verroit;
Qu'il seront tuit si avoelé,
Si desconfit et si maté
Que il errageront tuit d'ire;
Mais je ne vous sai plus que dire,
Que je ne veul plus demourer.
Mais Dieu en puisse je aourer,
Qui m'a donné le lieu et l'aisse

70d.1082
De faire chose qui vous plaise,
Car mout grant talent en avoie. "
Lors s'est tantost mis a la voie
Et, quant ele s'en est tournee,
Si furent les gens aunee
Qui de deuz pars as portes vinrent
Et bastons et espees tindrent;
Si ot entour lui mout grant presse
De gens felenesse et engresse;
Et vinrent du cheval trenchié
Devant le porte, sus le planchié.
Lors quidierent estre bien fis,
Quant ouvert seroient li huis,
Que chelui dedens trouveroient
Que il pour ochirre queroient.
Puis si trairent amont ...*
Par qui maintes gens furent mortes,
Mais il n'ont a chelui du siege
Tendu ne trebuchet ne piege,
Ains y entrent trestuit d'un front;
Et l'autre moitié trouvé ront
Du cheval mort delés le soil;
Mais c'onques entr'eux n'orent oeil
Dont monseignor Yvain veïssent,
Que mout volentiers ochesissent;
Et il les veoit erragier
Et forsener et courouchier;
Et disoient: " Che, que puet estre?
Que chayens n'a huis ne fenestre
Par ent riens nule s'en alast

Se che n'iert oysiaus qui volast

71a.1113
Ou escureux ou .i. chisnus
Ou beste ausi petite ou plus,
Que les fenestres sont ferees
Et les portes mout bien fremees
Lors que mesires issi hors.
Mors ou vis est chaiens li cors,
Que la hors ne remest il mie.
La sele assés plus que demie
Est cha dedens, che veons bien,
Ne de lui ne veonmes rien
Fors que les esperons trenchiés
Qui li chaïrent de ses piés.
Alons cherchier parmi ches angles,
Si laissons ester ches jangles.
Encor est il chaiens, je cuit,
Ou nous sonmes decheü tuit,
Ou tolu les nous a malfé. "
Ainsi trestuit d'ire escaufé
Parmi la sale le queroient
Et parmi ches parois feroient,
Et parmi lis et parmi bans;
Mais des caus fu quites et frans
Li lis ou il s'estoit couchiés,
Qu'il n'i fu ferus ne touchiés.
Mais assés ferirent entour
Et mout rendirent grant estour
Partout laiens de lors bastons,
Conme aveule qui a tastons
Va aucune chose querant;
Ainsi aloient reverchant
Desous lis et desous eschames.

71b.1144
Vint une des plus beles dames
C'onques veïst riens terrienne.
De si tres bele crestienne
Ne fu onques plait ne parole;
Mais de duel faire estoit si fole
C'a poi qu'ele ne s'ochioit.
A la feye s'escrioit

Si haut qu'ele ne pooit plus,
Si recheoit pasmee jus;
Et quant ele estoit relevee,
Aussi conme fenme desvee,
Si conmenchoit a deschirer
Et ses chaveus a detirer;
Ses chaveus tire et ront ses dras,
Et se repasme a chascun pas,
Ne riens ne le puet conforter,
Que son seigneur en voit porter
Devant li, en la biere, mort,
Dont ja ne quide avoir confort;
Pour che crioit a haute vois.
L'yaue benoite et le crois
Et li chierge aloient devant
Avec les dames d'un couvant,
Et le prestre et li enchensier
Et li clerc, qui sont despensier
A faire le haute despense
A quoi la chetive ame pense.
Mesire Yvains oÿ les cris
Et le duel, qui ja n'iert descris,
Que on ne le porroit descrire,
Ne tix ne fu escris en livre;

71c.1175
Et la prochessïon passa,
Mais enmi la sale amassa
Entour la biere .i. grans ols*,
Car li sans touz chaus et vermaus
Kaÿ au mort parmi la plaie;
Et che fu provanche bien vraie
Qu'encor iert chil laiens, sans faille,
Qui avoit faite le bataille
Et qui l'avoit mort et conquis.
Lors ont partout cherquié et quis
Et reherchié et transmué,
Tant que tuit furent esfraé
De l'angousse et du toueil
Qu'il eurent pour le sanc vermeil
Qui devant eulz fu degoutés.
Si fu mout ferus et boutés
Mesire Yvains, la ou il jut;

34

Mais ains pour che ne se remut.
Et les gens plus et plus devoient
Pour les plaies qui escrevoient;
Si se merveillent pour coi saignent,
Qu'eles ne trovent de qui se plaignent,
Et dist chascuns et chist et chist:
" Entre nous est chil qui l'ochist,
Et nous ne le trouvons me* mie:
Ch'est merveilles et diablie. "
Pour che tel duel par demenoit
La dame qu'ele forsenoit
Et crioit conme hors de sens:
" Dix, sera il trouvés chaiens
L'omechide, le traïtour

71d.1206
Qui m'a ochis mon boin seignour?
Boin? Voire le meillor des boins!
Voir Dix, li tors en sera tiens
Se tu le laisses escaper.
Autrui que toi n'en sai blasmer,
Que tu le m'embles a veüe.
Ains tel forche ne fu veüe
Ne si lait tort con tu me fais,
Que veoir mie ne me lais
Chelui qui est si pres de moi.
Bien puis dire, quant je nel voi,
Qu'entre nous chi s'est chaiens mis
Ou fantosmes ou anemis;
S'en sui enfantosmee toute.
Couars est il quant il me doute;
De grant couardise li vient;
Mout est couars, quant il me crient
Et devant mi moustrer ne s'ose.
Le fantosme est couarde chose.
Pourquoi es si acouardie,
Quant vers monseigneur fus hardie?
Chose vaine, chose faillie,
Que ne t'ai je en ma baillie?
Que ne te puis ore tenir?
Mais conment puet che avenir
Que tu monseigneur ad ochis
S'en traïson ne le feïs?

Ja voir par toi conquis ne fust
Me sire, se veü t'eüst,
Qu'el monde son pareil n'avoit,
Ne Dix ne hom ne l'i savoit,

72a.1237
N'il n'en y a mais nul de tix.
Chertes, se tu fusses mortix,
N'osaisses monseignor atendre,
Qu'a li ne se pooit nus prendre. "
Ainsi la dame se debat,
Ainsi tout par li se combat,
Ainsi se tourmente et confont
Et ses gens avec li refont
Si grant duel que gregnour ne pueent.
Le cors emportent si l'enfueent;
Quant ont tant quis et triboulé
Que de querre sont tuit lassé,
Si le laissent tuit par anui,
Quant ne pueent veoir nului
Qui de riens faiche a mescroire.
Et les nonnains et li prouvoire
Eurent ja fait tout le serviche;
Repairié furent de l'Eglise
Et venu seur la sepulture.
Mais de tretout che n'avoit cure
La damoisele de la cambre;
De monseignor Yvain li membre;
S'est a lui venue mout tost
Et dist: " Biau sire, a mout grant ost
A on seur vo teste esté.
Mout ont par chaiens tempesté
Et reversé tous ches cachez,
Plus menuement que brachés
Ne va trachant pertris ne kaille.
Paour avés eü sans faille.
- Par foi, fait il, vous dites voir;

72b.1268
Ja n'en quidai si grant avoir.
Encore, se il pooit estre,
Ou par pertruis ou par fenestre
Verroie volentiers la hors

La prochession et le cors. "
Mais il n'avoit entencion
N'au cors n'a la prochession,
Qu'il vausist qu'il fussent tuit ars,
Si li eüst cousté mil mars.
Mil mars? Voire, par Dieu, trois mile.
Mais pour la dame de la vile,
Que il voloit veoir, le dist;
Et la damoisele le mist
A une fenestre petite.
Quant qu'ele puet ver li s'aquite
Del honor qu'il li avoit faite.
Par chele fenestre agaite
Mesire Yvains la bele dame,
Qui dist: " Biau sire, de vostre ame
Ait Dix merchi, si voirement
Que onques, au mien ensient,
Chevalier en sele ne sist
Que de riens nule vous vausist.
De vostre honneur, biau sire chiers,
Ne fu onques nus chevaliers,
Ne de la vostre courtoisie;
Largueche estoit la vostre amie
Et hardemens vostre compains.
En la compagnie des sains
Soit la vostre ame, biaus sire! "
Lors se pasme et se dessire

72c.1299
Trestout quanques a mains li vient.
A mout grant paine se detient
Mesire Yvains, a quel que tort,
Que les mains tenir ne li cort.
Mais la damoisele li prie
Et loe quemande et chastie,
Conme gentix et deboinaire,
Qu'il se gart de folie faire
Et dit: " Vous estes chi mout bien.

72d.1308
Ne nous mouvés pour nule rien
Tant que li deulz soit abaissiés;
...*

Qu'il se departiront par tens.
Se vous contenés a mon sens,
Si con vous devés contenir,
Grans biens vous en porra venir.
Si poés chi estre et seoir,
Et la dehors les gens veoir
Qui passeront parmi la voie,

73a.1318
Ne ja n'iert nus qui chi vous voie,
Si y arés grant avantage;
Mais gardés vous de dire outrage,
Car qui se derroie et sourmaine
Et d'outrage faire se paine
Quant il n'en a ne tans ne lieu,
Je l'appel plus mauvais que preu.
Gardés, se vous pensés folie,
Que pour che ne le faites mie.
Li sages son fol penser keuvre
Et met, s'il puet, le bien a oevre.
Or vous gardés dont conme sages,
Que n'i metés la teste en gages,
Qu'en n'en prendroit ja raenchon;
Soiés pour vous en cusenzon,
Et de mon conseil vous souviengne;
S'estes en pais tant que je viengne,
Que je n'os chi plus arrester:
Je porroie tant demourer,
Espoir, qu'ele me meskerroit
Pour che qu'ele ne me verroit
Avec les autres en la presse,
S'en prendroie male confesse. "
Atant s'en part et chil remaint,
Qu'il ne set conment se demaint.
Du cors qu'il voit que on enfuet
Li poise, quant avoir ne puet
Aucune cose qui l'en port
Tesmoing qu'il a conquis et mort.
S'il n'en a tesmoing et garant
Que moustrer puisse en aparant,

73b.1349
" Dont sui je honnis en travers

38

Tant est Keus fel et ramporners,
Plains de rampornes et d'anui,
Que ja n'aroie pais a lui;
Tousjours mais m'iroit bien jetant
A gas et ranpornes disant,
Aussi con il fist l'autre jour. "
Cheles rampornes a sejour
Li sont el cuer batant et fresches.
Mais de son cuer et de ses breches,
De randon, ist nouvele amours
Qui par sa tere a fait son cours;
S'a toute sa proie cueillie;
Son cuer enmaine s'anemie,
Maine la riens qu'ele plus het.
Bien a vengié, et si ne set,
La dame le mort son seignor;
Venjanche en a prise gregnor
Qu'ele prendre ne l'en peüst
S'Amours vengie ne l'eüst,
Qui si douchement le requiert
Que par les iex el cuer le fiert;
Et a cols a plus grant duree
Que cols de lanche ne d'espee:
Colz d'espee garist et saine
Mout tost, desque mires y paine;
Et la plaie a Amours empire
Quant ele est plus pres de son mire.
Chele playe a mesire Yvains,
Dont il ne sera janmais sains,
C'Amours s'est toute a lui rendue.

73c.1380
Si tost conme ele est espandue
Va reverchant, et si s'en hoste;
Ne veut avoir hostel ne hoste
Se chestui non, et que preus fait
Quant de mauvais lieu se retrait;
Ne veut qu'ailleurs ait de li plait;
Si cherche tous ches vilz ostix;
S'est grant honte c'Amours est tix
Et quant ele si mal se preuve
Qu'es plus despis liex qu'ele treuve
Se herberge tout aussi tost

Que en tout le meilleur d'un ost.
Mais or est ele bien venue
Et y a tele honneur tenue,
En tel lieu fait boin sejourner.
Ainsi se devroit atourner
Amours, qui si est haute chose,
Que merveille est conment ele ose
De honte en si vil lieu descendre.
Cheli samble que en la chendre
Et en la poutre espant son basme,
Et het honnor et ayme blasme,
Et met le chieucre avec le fief*
Et destempre suye au miel.
Mais or n'a ele mie fait chou,
Ains s'est logie en franc lou,
Dont nus ne li puet faire tort.
Quant on ot enfouy le mort,
S'en partirent toutes les gens;
Clers ne chevaliers ne serjans
Ne dame ne remest, que chele

73d.1412
Qui sa dolour mie ne choile.
Mais chele remaint toute sole,
Qui souvent se prent par la gole,
Et tort ses poins et bat ses paumes,
Et list en .i. sautier ses siaumes,
Enluminees a lettres d'or.
Et mesire Yvains est encor
A le fenestre, ou il l'esgarde;
Et quant il plus s'en donne garde,
Plus l'aime et plus li abelist.
Che qu'ele pleure et qu'ele list
Vausist qu'ele laissié eüst
Et qu'a li parler li pleüst.
En chest voloir l'a Amour mis,
Qui a la fenestre l'a pris;
Mais de son voloir se despoire,
Car il ne puet quidier ne croire
Que ses voloirs puisse avenir,
Puis dist: " Pour fol me doi tenir
Quant je veul chou que ja n'arai;
Son seigneur a mort li navrai

Et je quit a li pais avoir!
Par foi, ne cuit mie savoir,
Qu'ele me het plus orendroit
Que nule rien, et si a droit.
Dont ai je dit ore que sages,
Que fenme a plus de chent courages.
Chelui courage qu'ele a ore,
Espoir, changera ele encore;
Ains le changera sans espoir;
Si sui faus qui m'en desespoir,

74a.1443
Et Dix le doinst par tans cangier,
Qu'estre mestuet en son dangier
Touzjours mais, puis c'Amours le veut.
Qui Amours en gré ne requeut
Des que entour li a atrait,
Felonnie et traïson fait;
Et je le di, qui veut si m'oie,
Qu'il n'en doit avoir bien ne joie.
Mais pour che ne dirai je mie,
Anchois amerai m'anemie,
Que je ne le doi pas haïr,
Car je ne veul Amours traïr.
Che qu'ele veut doi je amer.
Et me doit ele ami clamer?
Oïl, voir, pour che que je l'aim.
Et je meïsmes le claim,
Qu'ele me het, si n'a pas tort,
Car che qu'ele amoit li ai mort.
Et dont sui je ses anemis?
Nenil, chertes, mais ses amis,
C'onques mais tant amer ne vaux.
Grant duel ai de ses biaux chevax,
Qui fin or passent, tant reluisent.
D'ire m'esprennent et aguisent
Quant je li voi rompre et trenchier;
C'onques ne se puet estanchier
Les larmes qui des iex li chïent.
Toutes ches choses me dessïent!
Atout che qu'il sont plain de lermes,
Si que che n'est ne fins ne termes,
Ne furent onques si bel oeil.

41

74b.1474
De che qu'ele pleure me doeil
Ne de riens n'ai si grant destreche
Conme de son vis qu'ele bleche,
Que ne l'eüst pas deservi:
C'onques si bele taille ne vi
Ne si fres ne si coulouré;
Et che me par a acouré.
Et je li voi sa gorge estraindre!
Chertes, ele ne se set faindre
C'au pis qu'ele puet ne se faiche,
Ne nus cristaus ne nule glache
N'est si bele ne si polie
Que se gorge est ne si onnie.
Dix! Pourquoi ne se bleche mains?
Pourquoi detort ses blanches mains
Et fiert son pis et esgratine?
Dont ne fust che merveilles fine
A esgarder, s'ele fust lie,
Quant ele est si tres bele irie?
Oïl, voir, bien le puis jurer,
Onques mais si desmesurer
En biauté ne se puet Nature,
Que trespassé y a se cure
Ou, espoir, ele n'i ouvra onques.
Conment puet che avenir donques?
Dont fust si grant biauté venue?
Ja la fist Dix, de sa main nue,
Pour Nature faire muser.
Tout son temps y porroit user
S'ele le voloit contrefaire,
Que ja n'en porroit a kief traire;

74c.1505
Ne Dix, s'il s'en voloit pener,
Ne saroit, je cuit, assener
Que janmais nule tel feïst
Pour paine que il y meïst. "
Ainsi mesire Yvains devise
Cheli qui de duel se debrise,
Ne mais ne quit qu'il avenist
Que nus hom qui prison tenist

Amast en si fole maniere,
Dont il ne sera ja proiere,
Ne autres pour li, che puet estre.
Tant fu Yvains a la fenestre
Qu'il en vit la dame raler
Et que on eut fait avaler
Ambedeuz les portes coulans.
De che fust uns autres dolans,
Que mix amast sa delivranche
Qu'il ne feïst la demouranche;
Et il met autrement a oevre;
Ne li caut s'on les ferme ou oevre.
Il nen s'en alast mie, chertes,
S'eles li fussent aouvertes
Ne se la dame li donnast
Congié et si li pardonnast
Le mort sen seignour boinement,
Puis s'en alast seürement,
C'Amours et Honte le detienent,
Qui de deuz pars devant li vienent.
Il est honnis se il s'en va,
Que che ne quideroit nus ja
Qu'il eüst ainsi esploitié;

74d.1538
D'autre part, a tel couvoitié
De la bele dame veoir
Au mains, se plus n'en puet avoir,
Que de la prison ne li chaut:
Morir veut ains qu'il s'en vaut.
Mais la damoisele repaire,
Qu'il li veut compagnie faire
Et soulagier et deporter
Et aprochier et aporter
Quantqu'il vaurra a sa devise.
De l'amour qui en li est mise,
Le trouva trespensé et vain;
Si li a dit: " Mesire Yvain,
Quel siecle avés vous hui eü?
- Tel, fait il, qui mout m'a pleü.
- Pleü? Dites vous ore voir?
Conment puet dont boin siecle avoir
Qui voit c'on le quiert pour ochirre,

Se sa mort ne veut ou desire?
- Chertes, fait il, ma douche amie,
Morir ne vaurroie je mie,
Et si me plot mout toute voie
Che que je vi, se Dix me voie,
Et plaist et plaira tousjours mais.
- Or laissons a ytant em pais,
Fait ele, que bien sai entendre
Ou cheste parole veut tendre.
Ne sui si niche ne si fole
Que bien n'entende une parole.
Mais or en venés aprés moi,
Que je prendrai prochain conroi

75a.1569
De vous metre hors de prison.
Bien vous metrai a garison. "
Et il respont: " Soiés chertaine,
Je n'en istrai, cheste semaine,
En larrechin ne a emblee.
Quant la gent iert toute assamblee
Par mi ches rues, la dehors,
Plus volentiers m'en istrai hors
Que je ne feroie nuitantre. "
A chest mot, aprés lui s'en entre
Dedenz le petite chambrete.
La damoisele, qui fu preste,
Fu de lui servir mout en grans,
Si li fist creanche et despens
De tout quanques il li couvint.
Et quant lieu fu, bien si souvint
De che que chil li avoit dit,
Que mout li pleut che que il vit
Quant par la sale le queroient
Chil qui ochirre le quidoient.
La damoisele estoit si bien
De sa dame que nule rien
A dire ne li redoutast,
A quoi que la chose montast,
Qu'ele estoit sa maistre et sa garde.
Mais pour quoi fust chele couarde
De sa dame reconforter
Et de s'onnour amounester?

A premiere fois a conseil
Li dist: " Dame, mout me merveil
Que folement vous voi ouvrer.

75b.1602
Dame, quidiés vous recouvrer
Vostre seigneur pour faire duel?
- Nenil, fait ele, mais mien veul
Seroie je morte d'anui.
- Pour quoi? - Pour aler aprés lui.
- Aprés li? Dix vous en deffende
Et aussi boin seigneur vous rende
Si conme il en est posteïs.
- Ains tel menchongne ne deïs,
Qu'il ne me porroit si boin rendre.
- Meilleur, se vous le volés prendre,
Vous rendra il, sel prouverai.
- Fui t'ent! Ja voir ne trouverai.
- Si ferés, dame, s'il vous siet.
Mais or dites, si ne vous griet,
Vostre tere, qui deffendra
Quant li rois Artus y venra,
Qui doit venir l'autre semaine
Au perron et a la fontaine?
Vous en avés eü message
De la damoisele sauvage
Qui lettres vous en envoia.
Ahi! Conment les emploia!
Vous deüssiés or conseil prendre
De vostre fontaine deffendre,
Et vous ne finés de plourer!
N'i eüssiés que demourer,
Si vous pleüst, ma dame chiere,
Que chertes nis une chambriere
Ne valent tuit, bien le savés,
Sis chevaliers que vous avés:

75c.1633
Jar par cheli qui miex se prise
N'en iert escus ne lanche prinze.
De gent malvaise avés vous mout,
Qui sont couart et mout estout,
Qui seur cheval monter en ost,

Et li rois vient a si grant ost
Qui saisira tout sans deffense. "
La dame set mout bien et pense
Que chele le conseille en foi;
Mais une folie a en soi
Que les autres fenmes y ont
Et, a bien pres, toutes le font,
Qui de lor folie s'escusent
Et che qu'ele veulent refusent.
" Fui! fait ele, ne dire mais!
Se je t'en oy parler ja mais,
Ja n'i ara fors que t'en fuies,
Que tes paroles tant m'anuient.
- Et de par Dieu, fait ele, dame,
Bien y pert que vous estes fenme,
Qui se coureche quant ele ot
Nului qui bien faire li ot*. "
Lors s'en parti, si s'en ala;
Et le dame se rapensa
Qu'ele avoit mout grant tort eü;
Mout vausist bien avoir seü
Conment ele porroit prouver
C'on porroit chevalier trouver
Melleur c'onques ne fu ses sire;
Mout volentiers li orroit dire,
Mais ele li a deffendu.

75d.1664
En cest voloir a atendu
Jusques a tant que chele revint;
Mais onques deffense n'en tint,
Puis li redit tout maintenant:
"Ha! dame, est che ore avenant
Que si de duel vous ochiés?
Pour Dieu, car vous en chastiés,
Si laissiés seviax non pour honte:
A si haute fenme ne monte
Que duel si longuement maintiengne.
De vostre honnor vous resouviengne
Et de vostre grant gentillesce.
Cuidiés vous que toute proesce
Soit morte avec vostre seignor?
Chent aussi boins et chent mellor

En sont remés parmi le monde.
- Se tu me mens, Dix te confonde!
Et nepourquant .i. seul m'en nonme
Qui ait tesmoing de si prodonme
Conme mesires ot son aé.
- Ja ne m'en sariés vous gré
Et si vous en courecheriés
Et m'en remanecheriés.
- Non ferai, je t'en asseür. "
Ele respont: " A boin eür,
Qui vous puist tousjours avenir,
Se il vous venoit a plaisir.
Et che doinst Dix que il vous plaise!
Je ne voi pour coi je me taise,
Que nus ne nous ot ne escoute.
Vous me tenrés ja tost pour sote,

76a.1695
Mais je dirai bien, che me samble:
Quant .ii. chevaliers sont ensamble
Venans armez en bataille,
Li quiex cuidiez vous qui miex vaille,
Quant li uns a l'autre conquis?
Endroit de moi doin je le pris
Au vainqueor. Et vous, que faites?
- Il m'est avis que tu m'agaites,
Si me veuz a parole prendre.
- Par foy, vous poez bien entendre
Que je m'en voiz parmi le voir,
Et si le prins par estouvoir
Que miex vaut cil qui conquist
Vostre segnour que il ne fist:
Il le conquist et cel quacha
Par hardement enduques cha,
Si que il enclost en sa meson.
- Or oy, fet elle, desrason,
La plus grant que onques fust dite.
Fui! plaine de mal esperite.
Fui! garce fole et aniouse.
Ne dire jamez telle oyseuse,
Ne devant moi jamez n'en viengnes
Por coy de lui parole tiengnes.
- Certes, dame, bien le savoie,

47

Que ja de vous gré n'en avroie,
Et jel vous di mout bien avant.
Mez vous m'eüstes en convant
Que ja yre n'en averriez
Ne maugré ne m'en savriez.
Mal m'avez mon convant tenu.

76b.1724
Or si m'est einssi avenu
Que dit m'avez vostre plaisir;
Si ai perdu .i. bon taisir. "
Atant vers la chambre retourne,
La ou mesire Yvains sejourne,
Que elle gade* a mout grant aise;
Mez n'i a chose qui li plaise
Quant la dame veoir ne puet,
Et del plait que celle li muet
Ne s'en garde ne n'en set mot.
Mez la dame toute nuit out
A li meïsme grant tençon;
Toutevoie fu en cuisenson
De sa fontaine garantir.
Si ce conmence a repentir
De celi qu'elle avoit blasmee
Et laidie et mesamee,
Car elle est toute seure et certe
Que por loier ne por deserte
Ne por amor que a lui ait
Ne l'en mist elle onques em plait.
Et plus aime elle li que lui,
Ne sa biauté ne son annui
Ne li cheleroit elle mie,
Car trop est sa loiaus amie.
Estes vous la dame changiee:
De celi qu'elle out ledangié
Ne cuide jamez a nul fuer
Que amer la doie de bon cuer,
Et celui qu'elle out refusé
A mout laiaument escusé

76c.1755
Par raison et par droit de plait,
Que ne li avoit pas forfait.

Si ce desraine tout ausi
Con c'il fust venus devant li;
Si se conmence a plaidoier:
" Va! fet elle, puez tu noier
Que par toi ne soit morz mesire?
- Ce, fet il, ne pui ge desdire,
Ainz l'otroy bien. - Di donc por coy.
Feïs le tu por mal de moy,
Por haïne ne por despit?
- Ja n'aie je de mort respit
S'onques por mal de vous le fis.
- Dont n'as tu riens vers moi mespris
Ne vers lui n'eüs tu nul tort,
Que c'il peüst, il t'eüst mort.
Por ce, mien escient, cuit gié
Que j'ai a droit et bien jugié. "
Ainssi par li meïsme pruesve
Que droit, senz et raison i trueve
Que en li haïr ne* elle nul droit,
Si dit ce que elle vouroit;
Par li meïsmes s'alume
Ausint con la buche qui fume
Tant que la flame s'i est mise,
Que nulz ne la soufle n'atise.
Et s'or venoit la damoiselle,
Ja desraineroit la querelle
Dont elle l'a tant plaidoiee,
Si a esté bien laidengiee.
Et elle revint par matin,

76d.1786
Si reconmence son latin
La ou elle l'avoit laissié.
...*
Qui a mesfaite ce savoit
De ce que laydie l'avoit.
Mez or li voudra amender
Et del chevalier demander
Le non, l'estre et le lingnage;
Si s'umelie comme sage
Et dist: " Merci crier vous veil
Del grant outrage et de l'orgueil
Que je vous ai dit conme folle,

Si remaindray a vostre escolle.
Mes dites moy, se vous savez:
Le chevalier dont vous m'avez
Tenue em plait si longuement,
Quelz hons est il et de quel gent?
Se il est tiex qu'a moy atiengne,
Mez que de par lui ne remaingne,
Je le feray, ce vous otroy,
Segneur de ma terre et de moy.
Mes il le convenroit ci faire
Que on ne puisse de moi retraire
Ne dire: " C'est celle qui prist
Celi qui songneur* ocist. "
- En non Dieu, dame, ainssi iert il.
Segneur avroiz le plus gentil
...*
Qui onques fust del lin Abel.
- Conment a a non? - Mesire Yvain.
- Par foy, cilz n'est mie villain,
Ainz est mout franz, je le sa bien;
Si est filz le roy Urien.

77a.1819
- Par foi, dame, vous dites voir.
- Et quant le pourrons nous avoir?
- Desqu'a .v. jours. - Trop demouroit,
Que, mien veil, ja venus seroit.
Viengne annuit ou demain, seviaus.
- Dame, ne cuit pas c'uns oisiaus
Pouist en .i. jour tant voler.
Mez ge y ferai ja aler
.I. mien garsson qui ci tost cort
Qui va bien desque a la cort
Le roy Artu, au mien espoir,
Au mainz desqu'a demain assoir,
Que juque la n'iert il trouvez.
- Cilz termez est trop lons asez:
Li jour sont lonc. Mez dites li
Que demain au soir resoit ci;
Ne nule essoigne ne retiengne
Que demain assoir ci ne viengne,
Et au plus tost que il ne seult.
Car, se bien esforcier se veult,

Fera de .ii. journees une;
Et anquenuit luira la lune,
Si reface de la nuit jour,
Et je li donray au retour
Quanque il voudra que je li doigne.
- Sor moy laissiez ceste besongne,
Que vous l'avroiz entre vos mayns
...*
Et endementres manderoiz
Vos genz et ci demanderoiz
Conseil del roy qui doit venir.
Pour la coustume maintenir

77b.1849
De vostre fontaine deffandre
Vous convenra tel conseil prendre;
Et il n'i avra ja ci haut
Qui s'ost vanter que il y aut.
Lors pouroiz dire tout a droit
Que marier vous convenroit.
Uns chevaliers mout alosez
Vous requiert et vous ne l'osés
Prendre c'il ne vous louent tuit.
Et ce pren ge bien en conduit.
Tant les connois ge a malvaiz,
Que, pour chargier autrui le fays
Dont il seroient trop chargié,
Vous en venront trestuit au pié
Et si vous en mercieront,
Que fors de grant poour seront.
Car qui poour a de son ombre,
C'il puet, volentiers se descombre
D'encontre de lance ou de dart,
Que c'est mauvaiz juz a couart. "
Et la dame respont: " Par foy,
Ycel veil je et ci l'otroy,
Et je l'avoie ja penssé
Si con vous l'avez devisé,
Et tout ainssi le ferom nous.
Mez por coy demourez vous?
Alez! Ja plus ne delaiez!
Je remaindrai avec mez genz. "
Ainssi fina li parlemenz.

Et celle faint qu'elle envoit querre
Monseignor Yvain en sa terre,

77c.1881
Si le fet chascun jour bangnier,
Et laver et aplennier;
Et avec ci li apareille
Robe d'eskallaste vermeille,
De vair flechie a tout la croie.
N'est riens qu'elle ne li aroie,
Que il conviengne a li acesmer:
Fermail d'or a son col fermer,
Ouvré a pierres precieusses
Qui mout font les biens gracieusez,
Saintureste et aumosniere
Qui fu d'une riche banniere;
Bien l'a del tout apareillié.
Et a sa dame conseillié
Que revenus est son mesage,
Si a esploitié conme sage.
" Conment? fet elle. Quant venra
Mesire Yvain? - Saienz est ja.
- Saienz est il! Viengne dont tost,
Celeement et en repost,
Dementiers que lez moy n'est nuz.
Gardez que n'en n'*i viengne plus,
Car g'i avroie* mout le quart. "
La damoisele atant s'en part;
C'est venue a son hoste ariere,
Mez ne montre mie en sa chiere
La joie qu'en son cuer avoit;
Ainz faint que sa dame savoit
Qu'elle l'avoit laienz gardé,
Et dist: " Mesire Yvain, pour Dé,
Ne m'i a mez mestier celee.

77d.1912
De vous est tant la choze alee
Que ma dame la choze set,
Qui mout m'en blasme et mout m'en het
Et mout m'en a acoisonnee;
Maiz tel seürté m'a donnee
Que devant li vous puis conduire

Sanz vous de riens grever ne nuire.
Ne vous grevera riens, ce croy,
Fors tant, que je mentir ne doi,
Que je feroie traïson,
Qu'elle vous veut en sa prison.
- Certes, fet il, je veil mout bien,
Que ne me grevera ja rien;
En sa prison veil je bien estre.
- Si seroiz vous, par la main destre
Dont je vous tieng! Or en venez,
Mez a mon loz vous contenez
Si simplement devant sa face
Que male prison ne vous face.
Ne por el ne vous esmaiez:
Ne cuit mie que vous aiez
Prison qui trop vous soit grieve. "
La damoiselle ainssi l'enmaine;
Si l'esmarri et l'aseüre,
Et parole par couverture
De la prison ou il ert mis,
Que sanz prison n'est nus amis;
Por ce a droit que prison le claime,
Que bien est en prison qui aime.
La damoiselle par la main
Enmaine monsegneur Yvain

78a.1945
La ou il iert mout chier tenuz;
Si crient il estre mal venuz,
Et c'il le crient, n'est pas merveille.
Desor une couste vermeille
Trueverent la dame seant.
Grant poour, ce vous acreant,
Ot mesire Yvains a l'entree
De la chambre, ou il * trouvee
La dame; ne lor dit nul mot;
Et pour ce plus grant poour ot,
Si fu de paour esbahiz,
Que il cuida estre traÿs,
Et c'estut loins celle par la,
Tant que la pucelle parla
Et dist: " .V.c dehaiz ait fame
Qui maine en chambre a bele dame

Chevalier qui ne s'en aproche
Et qui n'a ne langue, ne bouche,
Ne son dont acointier se sache. "
A cest mot, par le poing le sache,
Si li dist: " En sa vous traiez,
Chevalier, et poour n'aiez
De ma dame, qu'elle vous morde;
Mez querez li paiz et acorde,
Et j'en proieray avec vous
Que la mort Esclados le Rous,
Qui fu ses sires, vous pardoint. "
Mesire Yvains maintenant joint
Les mainz, si c'est a genoulz mis
Et li dist, conme vraiz amis:
" Dame, ja voir ne crïeray

78b.1976
Merci, ainz vous mercïeray
De quanque vous me vouroiz fere,
Que riens ne me porroit desplere.
- Non, sire? Et ce je vous ocy?
- Dame, la vostre grant merci,
Que ja ne m'en orroiz dire el.
- Ainz maiz, dit elle, n'oÿ tel,
Que ci vous metés a devise
Del tout en tout en ma franchise
Sanz ce que ne vous en efforz.
- Dame, nule force si fors
N'est conme celle, sanz mentir,
Qui me conmande a consentir
Vostre vouloir de tout en tout.
Rienz nulle ne redout
Que il vouz plaise a conmander,
Et, ce je vous poie amender
La mort dont je n'ai rienz meffait,
Je l'amenderoie sanz plait.
- Conment? fet elle. Or le me dites,
Si soiez de l'amende cuitez,
Ce vous de riens me meffeïstez
Quant vous mon segnieur ocisistes.
- Dame, fet il, vostre merci;
Quant vostre sire m'asailli,
Quel tort oi ge de moy deffendre?

Qui autrui veut ocire ou prendre,
Se cil * ocist qui ce deffent,
Ditez ce de rienz y mespris.
- Nenil, qui bien i garde a droit;
Et je cuit que riens ne vaudroit

78c.2007
Quant fet ocire vous aroie.
Ice mout volentiers savroie
Dont celle force puet venir
Qui vous conmande a consentir
Touz mes vouloirs sanz contredit;
Touz torz et touz meffaiz vous cuit,
Mes seez vous, si me contez
Conment vous estes si dontez.
- Dame, fet il, la force vient
De mon cuer, qui a vous se tient;
E* cest voloir m'a mon cuer mis.
- Et qui est le cuer, biaus amis?
- Dame, mi oil. - Et les oilz, qui?
- La grant biautés que en vous vi.
- Et la biautez, qu'i a forfayt?
- Dame, tant que amer me fait.
- Amer? Et qui? - Vous, dame chiere.
- Moy? - Voire voir. - En quel maniere?
- En tel que graindre estre ne puet;
...*
Mon cuer, n'onques alleurs nel truiz;
En tel qu'ailleurs pensser ne puis;
En tel que tout a vous m'otroy;
En tel que plus ai que moy;
En tel que pour vous a delivre
Veil, c'il vous plaist, mourir ou vivre.
- Et oseriez vous emprendre
Pour moy ma fontaine a deffendre?
- Oïl, voir, dame, vers touz homes.
- Sachiez dont, bien acordez sonmes. "
Ainssint s'acordent briement.
Et la dame out son parlement

78d.2039
Devant tenu a ses baronz
Et dist: " De ci nous en alonz

En celle sale ou mes genz sont
Qui loué et conseillié m'ont,
Por le besoing que il y voient,
Qui a mari prendre m'otroient,
Et jel feray por lor besoing.
Si meïsmes a vous me doing,
Qu'a segnour refuser ne doy
Bon chevalier et filz de roy. "
Or a la damoiselle fait
Quanqu'elle vouloit entresait
Et mesire Yvains est plus sire
Que il n'osast penser ne dire;
Et la dame avec li l'enmaine
En la sale qui estoit plaine
De chevaliers et d'autres genz;
Et mesire Yvains fu ci genz
Qu'a merveilles tout l'esgarderent,
Et contre li tuit se leverent
Et tuit se lievent et enclinent
Monsegneur Yvain, dïent:
" C'est cil que ma dame prendra;
Dehaiz est qui li deffendra,
Car merveille samble preudomme.
Certes l'empereïs de Romme
Seroit en li bien mariee.
Car l'eüst il ja afiee
Et elle luy de nue main,
...* "
Ainssint parloie tuit en renc.
A chief de la salle en .i. banc

79a.2071
Ou la dame s'ala seoir,
La ou tuit la purent voir.
Et mesire Yvains samblant fist
Qu'a ses piez seoir se vousist,
Quant elle leva amont;
De la parole li semont
Le seneschal, que il la die,
Si qu'elle soit de touz oïe.
Lors commence li ceneschauz,
Qui n'estoit ne restis ne faulz:
" Segnors, fet il, guere nous sort:

N'est jour que li rois ne s'atourt,
De quanqu'il se puet haster,
Pour venir nos terres gaster.
Ainscoiz que quinzaine past,
Sera toute livree a gast,
Se bon mantenour n'i a.
Que ma dame se mariast,
N'a mie encore si son parc clos,
Si le feist elle par vo loz.
Mors est ses sires, si li poise.
N'a or de terre qu'une toise
Cil qui tout cest païz tenoit
Et qui mout bien y avenoit;
C'est grant duel que poy a vescu.
Fame ne set porter escu
Ne ne set de lance ferir;
Mout amender et enduit*
Se puet de prendre .i. bon segnour.
Ainz maiz n'en ot mestier gregnour.
Loez li tuit que mari prengne,

79b.2102
Ainz que la coustume remaigne
Qui en cest chastel a esté
Plus de .lx. anz a passez. "
A cest mot dïent tuit ensamble
Que a faire bien lor resamble.
Et trestuit au pié li viennent,
De son voloir en grant la tiennent;
Si se fet prier de son bon,
Tout autresi con mal gré sien
Otroie ce qu'elle feïst
Ce chascun li contredeïst,
Et dist: " Segnieur, des qu'il vous siet,
Ce chevalier qui lez moy siet
M'a mout priee et mout requise;
En m'onnor et en mon servise
Se veut mestre et je l'en merci
Et vous l'en merciez aussi.
N'onquez mez, certes, nel connu,
S'ay mout oÿ parler de lui:
Si hauz hons est, ce sachiez bien,
C'est filz le roy Urien.

Sanz que il est de haut parage,
Est il de si grant vacelage
Et tant a courtoisie et senz
Que deslouer ne me doit l'en.
De monsegneur Yvain, ce cuit,
Avez bien oÿ parler tuit;
Et ce est il qui me requiert.
Plus haut segnour qu'a moy n'afiert
Avray au jour que ce sera. "
" ...*
Cist jour, ce vous fetes que sage,

79c.2134
Que en façons le mariage;
Ca* mout est foulz qui ce demeure
De son preu faire pas ni heure. "
Tant li prïent qu'elle otroie
Ce qu'elle fist toute voie,
Que Amours a faire li conmande
Ce dont los et conceil demande;
Mez a plus grant honneur le prent
Quant elle a le los de sa gent;
Et les proieres riens n'i grievent,
Ainz li essaucent et conseillent
Le cuer a fere son tallent.
Le cheval qui ne va pas lent
S'avance quant on l'esperonne;
Voiant touz ses baron ce donne
La dame a monsegneur Yvain.
Par la main d'un sien chapelain
Pris a la dame de Landuc,
La dame qui fu fille au duc
...*.
Ce jour maimes, sanz delay,
L'espousa et firent les noces.
Asez y ot mitres et croces,
...*
Ses esvesques et ses abez.
Mout y ot gent et mout richesse,
Et mout y ot joie et liesse,
Plus quel conter ne vous savroie
Quant lonc temps pensé y aroie;
Miex m'en veil taire que poi dire.

Or est mesire Yvains sire
Et la* mort est tost obliés;
Celi qui l'ocist est mariés

79d.2167
En sa fame et ensamble gisent,
Et les genz aiment plus et prisent
Li c'onque le mort ne firent.
...*
Qui durerent duques a la veille
Que li roys vint a la merveille
De la fontaine et del perron,
Et avec li si conpangnon,
Car trestuit cil de sa menie
Furent en cele chevauchiee,
C'unz trestouz ceuz n'i fu remez.
Et si a dit mesire Keus:
" Aÿ! Qu'est or devenuz
Yvains quant il n'est sa venuz,
Qui se vata* aprez mengier
Qu'il yroit son cousin vengier?
Bien pert que ce fu aprez vin!
Fuiz s'en est, je le devin,
Qu'il n'i osast venir por l'oil.
Mout ce vanta de grant orgueil.
Mout est hardiz qui louer s'oze
De ce dont autre ne l'alose,
Ne n'a temoig de sa losenge
Ce n'est par force de loenge.
Mout a entre mauvez et preu,
Que li mauvayz delez le feu
Dist de lui unes grans paroles,
Si tient toutes les genz a foles
Et cuide qu'on ne le congnoisse.
Et li preuz avroit grant angoisse
Se il ooit dire autrui
Les proesses qui sont en luy.

80a.2199
Et pour ce, certez, bien m'acort
Au malvaiz, qu'il n'a mie tort,
Et cil se prise et cil se vante,
Qu'il ne trueve qui pour li mente.

Se il n'en dit, qui l'en dira?
Tuit se taissent, ne li ira
Et des vaillanz crie le ban
Et les mavaiz giete a un van. "
Ainsi mesire Keus parloit,
Et mesire Gauvains disoit:
" Merci, mesire Keus, merci!
Mesire Yvains n'es ore ci,
Ne savez quele essoigne il a.
Onques voir tant ne s'avilla
Que il deïst de vous villenie,
De tant il fait cortoisie.
- Sire, fet il, et je m'en taiz,
Ne m'en orez parler huimaiz,
Des que je voi qu'il vous annuie. "
Et li roiz pour veoir la pluie
Verssa de l'yaue plain bacin
Sor le perron, desouz le pin;
Et plust tantost mout fondanment.
Ne tarda mie longuement:
Mesire Yvains sanz nul arest
Entra armez en la forest
Et vint plus tost que les galos
Sor un cheval et bel et gros,
Fort et hardi et conbatant.
Et mesire Keus out talent
Qu'il demanderoit la bataille,

80b.2230
Car, quiex que fust la desinaille*,
Il voloit conmencier touzjors
Les mellees et les estourz
Ou il y eüst grant corrouz.
Le roy en prie devant touz
Que ceste bataille li laist.
" Keus, dist li roys, des qu'il vous plaist,
Que devant touz l'avez rouvee,
Ne vous doit pas estre vee. "
Keus l'en merciee* puis si monte.
Se or li puet .i. poi de honte
Mesire Yvains, liez en sera
Et mout volentiers l'en fera,
Que bien le recongnoist aus armez.

L'escu a pris par les enarmes
Et Keus le sien, si c'entreslaissent,
Chevauz cuerent et lances baissent
Que il tenoient empongnez;
.I. poy les ont alongniees
Tant que par les camoiz les tindrent,
Et a ce que il s'entrevindrent,
De tex coupz mout se merveillierent
Qu'andeus les lances peçoierent
Et vont desques au poinz.
Mesire Yvains cop si puissant
Li donna que de sor la celle
A fet Keus la tournebouele
Et li hiaumes en terre fiert.
Plus d'annuy fere ne li quiert
Mesire Yvains, ainssoiz descent
A la trerre*, le cheva* prent.

80c.2261
S'en fu mout a tel y ot bel,
Ne se pot taire de dire el:
" Ainsi, ainsi, con or gesiés,
Vous qui les autres despisiés!
Et nepourquant s'est il bien drois
C'on le vous pardoinst cheste fois
Pour che qu'ains mais ne vous avint. "
Entre tant, devant le roi vint

80d.2269
Mesire Yvain, et par le frain
Mena le cheval en la main,
Pour che que il li voloit rendre;
Si li dist: " Sire, faites prendre
Chel cheval, que je mefferoie
Se riens du vostre retenoie.
- Et qui estes vous? fait li rois.
Ne vous connistroie des mois

81a.2278
Se je nonmer ne vous ooie
Ou desarmé ne vous veoie.
- Che est Yvain que chi veés. "
S'en fu Keus de honte asonmés

Et mas et mors et desconfis,
Qu'il dist qu'i s'en estoit fuis.
Et li autre mout lié en sont,
Qui de son duel grant joie font.
Mais li rois grant joie en mena,
Et mesire Gavain en a
Chent tans plus grant joie que nus
...*
Qui a li compaignie eüst
Qu'a chevalier que il seüst.
Et li rois li requiert et prie,
Se il li plaist, que il li die
Conment il avoit esploitié,
Car mout l'avoit grant couvoitié
De savoir du tout de son estre
Et conment ileuc pooit estre.
Et il lor a trestout conté
Le grant serviche et le bonté
Que le damoisele li fist;
Onques de riens n'i entreprist,
Ne riens nule n'i oublia.
Et aprés che le roy proia
Que il et tuit si chevalier
Venissent o lui herbegier,
C'onnor et joie li feront
Quant o lui herbegié seront.
Et li rois dit que volentiers
Li feront, .viii. jours, tous entiers

81b.2309
Joie et honnor et compagnie.
Et mesire Yvains l'en merchie,
Ne demouré nul point n'i sont,
Maintenant montent, si s'en vont
Vers le chastel le droite voie.
Et mesire Yvains en envoie
Devant la route .i. esquier,
Et portoit .i. ostoir muier,
Pour che que il ne souspreïssent
Le dame, que ses gens feïssent
Contre le roi ses maisons beles.
Et quant il orent les nouveles
Du roy qui vient, s'en ont grant joie;

N'i a nul qui la nouvele oie
Qui n'en soit liés et qui n'en mont.
Et la dame tous les semont
Et prïent* que encontre li voisent;
...*
Que de faire sa volenté
Estoient trestuit apresté.
Encontre le roy de Bretaigne
En vont seur gens chevaus d'Espaigne,
Si le saluent mout hautement
Le roy Artur premierement
Et puis sa compagnie toute:
" Bien viengne, font il, cheste route
Qui de si preudonmes est plaine.
Benois soit chil qui les amaine
Et qui si boins hostes nous donne. "
Contre le roi le chastiaus tonne
...*.
Li drap de soie sont fors trait
Et estendu a parement,

81c.2342
Et des tapis font pavement;
Et refont un autre apareil,
Que pour le calour du soleil
Keuvres* les rues de courtines.
Li cor et li son des buisines
font le chastel si resoner
Que on n'i oïst pas tonner.
Et la ou chantent les pucheles,
Sonnent fleütes et freteles,
Timbres tabletes et tabour.
Et d'autre part font lor labour
Li legier bacheler qui salent;
Tretuit de joie se travaillent,
Et a cheste joie rechoivent
Le roy, si con faire le doivent.
Et la dame en est fors issue,
D'un drap emperial vestue,
Robe d'ermine toute fresche,
Sor son chief une calendesche
Toute de rubins aterchie;
Ele n'ot pas la chiere irie,

Ains l'ot si bele et si riant
Qu'ele estoit, au mien ensciant,
Plus bele que nule dieuesse.
Entour li fu la joie espesse
Et disoient trestuit a tire:
" Bien viengne li rois et le sire
Des rois et des seigneurs du monde! "
Ne puet estre c'a tous responde
Li rois, qui voit vers li venir
La dame a son estrief tenir.

81d.2375
Et che ne veut il pas atendre,
Ains se hasta tant du descendre
Qu'il descendi leus qu'i la vit,
Et ele le salue et dit:
" Bien viengne, par chent mile fois,
Li rois mesires, et benois
Soit mesire Gavain, ses niés.
- Vostre gent cors et vostre chiés,
Fait li rois, bele creature,
Ait joie et la boine aventure. "
Puis l'embracha parmi les flans
Li rois, conme gentix et frans,
Et ele lui tout a plain bras.
Des autres parole ne fas
Conment ele les conjoÿ,
Mais onques hom parler n'oÿ
De nule gent tant conjoïe,
Tant honoree et tant servie.
De le joie assés vous contaisse
Se ma parole ne gastaisse.
Mais seulement de l'acointanche
Veul faire une briés ramembranche
Qui fu faite a privé conseil
Entre le lune et le soleil.
Savés de qui je vous veul dire?
Chil qui des chevaliers fu sire
Et qui seur tous fu renonmés
Doit bien estre soleil clamés.
Pour monseigneur Gauvain le di,
Que de lui est tout autressi
Chevalerie enluminee

82a.2406
Con li solaus, la matinee,
Espant ses rains et clarté rent
Par tout les lieus ou il resplent.
Et de cheli refais la lune
Dont il ne puet estre que une,
De grant foy et de grant aÿe.
Et ne porroie dire mie
Solement pour le lonc renon,
Mais pour che que Lunete ot non.
Le damoisele ot non Lunete
Et fu une avenant brunete
Tres sage et tres noble et tres cointe.
A monseigneur Gauvain s'acointe,
Qui mout le prise et mout l'aime,
Et pour che s'amie le claime
Qu'ele avoit de mort garandi
Son conpagnon et son ami;
Et mout li offre son serviche.
Et ele li conte et devise
A con grant paine ele conquist
Sa dame, tant que ele prist
Monseignor Yvain a mari,
Et conment ele garandi
Des mains a cheus qui le queroient:
Entr'eus estoit, sil ne veoient!
Mesire Gauvains mout en rist,
De che qu'ele li conte, et dist:
" Ma damoisele, je vous doing
Et a mestier et sans besoing
Un tel chevalier con je sui;
Ne me cangiés ja pour nului

82b.2437
Se amender ne vous quidiés;
Je sui vostres, et vous soiés
D'ore en avant ma damoisele.
- Vostre merchi, sire ", fait ele.
Ainsi chil doi s'entracointoient
Et li autre ad autres juoient;
Lors en y ot plus de soissante
Dont chascune estoit bele et gente

Et noble et cointe, preus et sage,
Gente fenme, de haut parage;
Si s'i porent mout soulagier
Et d'acoler et de baisier
Et de parler et de veoir
Et de delés eles seoir,
Ytant en orent il au mains.
Or a feste mesire Yvains
Du roi, qui avec li demeure;
Et la dame tant les honneure,
Chascuns par soi et tous ensamble,
Que tes mos y a que che samble
Que d'amours viengnent li atrait
Et li samblant qu'ele lor fait.
Et chil se pueent pour fox clamer
Qui quident c'on les veulle amer
Quant une dame est si courtoise
C'a un maleüreus adoise,
Si li fait joie et si l'acole;
Faux est liés de bele parole,
Si l'en a mout tost avisé.
A grant joie ont lor tans usé
Trestoute la semaine entiere:

82c.2468
Deduis de bos et de rivieres
Y ot mout qui les vaut avoir;
Et qui veut la tere veoir
Que mesire Yvains ot conquise
En la dame que il ot prinse,
Si se pueent aler esbatre
En .vi. lieus, en .v. ou en quatre,
Par les chastiaus de la entour.
Quant li rois ot fait sen sejour
Tant qu'il n'i vaut plus arrester,
Si fist on son oirre aprester.
Mais il avoient la semaine
Trestuit proiié et mis en paine,
Du plus qu'i s'en porrent pener,
Que il en peüssent mener
Monseigneur Yvain avec eux.
" Conment! Seroit che or de chix,
Che disoit mesire Gavain,

Qui pour lor fenmes valent mains?
Honnis soit de sainte Marie
Qui pour empirier se marie!
Amender doit de bele dame
Qui l'a a amie ou a fenme,
Ne n'est puis drois que ele l'aint
Que ses pres et ses los remaint.
Chertes, encore serois iriés
De s'amor, se vous empiriés;
Que fenme a tost s'amor reprise,
Ne n'a pas tort, s'ele desprise
Chelui qui devient de l'empire
Sire qui pour s'amour empire.

82d.2499
Primes en doit vostre pris croistre.
Rompés le frain et le chavestre,
S'irons tournoier avec vous,
Que on ne vous apiaut jalous.
Or ne devés vous pas songier,
Mais le tournoiement paier
Et emprendre a fort jouster,
Quoi que il vous doie couster.
Assés songe qui ne se muet!
Chertes, venir vous en estuet
Sans vous envoier autre ensengne.
Gardés que en vous ne remaigne,
Biaus conpains, vostre* compagnie,
Qu'en moi ne faurra ele mie.
Merveille est conment en nature
Delaisse chou qui tant li dure.
Bien adurchist par delaier
Et plus est duel a ensaier
Unz petis biens, quant il delaie,
C'uns grans, qui tout adés ensaie.
Joie d'onnor qui vient a tart
Sanle la vert busche qui art
Et dedans rent plus grant calor
Et plus se tient en sa valour
Et* plus se tient de alumer.
On puet tel chose acoustumer
Qui mout est grieve a retraire;
Quant on le veut nel puet on faire.

Et pour che ne le di je mie,
Se j'avoie si bele amie
Con vous avés, sire compains!

83a.2530
Foy que je doi Dieu et ses sains,
Mout a envis le laisseroie.
A enscient, fax en seroie.
Mais tel conseille bien autrui,
Qu'il ne saroit conseillier lui,
Aussi conme li precheour
Qui sont desloial tricheour,
S'ensengnent et dient le bien
Dont il ne veulent faire rien! "
Mesire Gauvains tant li dist
Cheste chose et tant li requist
Qu'il creanta qu'i le diroit
A se fenme et si s'en iroit
S'il em pooit congié avoir;
Or faiche folie ou savoir,
Ne laira que congié ne prengne
De retourner en la Bretaigne.
La dame en a a conseil trait,
Qui du congié pas ne sahait*,
Si li dist: " Ma tres chiere dame,
Vous qui estes mes cuers et m'ame,
Mes biens, ma joie et ma santés,
Une chose me creantés,
Pour vostre honor et pour la moie. "
La dame tantost li otroie,
Qu'il ne set qu'i veut demander
Et dist: " Biau sire, conmandés
Me poés che que boin vous iert. "
Maintenant congié li requiert
Mesire Yvains de convoier
Le roy et d'aler tournoier,

83b.2561
" Que on ne m'apiaut recreant. "
Ele respont: " Jel vous creant,
Le congié, jusc'a .i. termine.
Mais l'amours devenra haÿne,
Que j'ai a vous, seur en soiés,

Chertes, se vous trespassiés
Le terme que je vous dirai,
Que ja ne vous en mentirai.
Se vous mentés, j'en dirai voir.
Se vous volés m'amour avoir
Et de riens nule m'avés chiere,
Pensés du revenir arriere,
...*
VIII. jours aprés le Saint Jehan,
Hui en chest jour sont les ottaves.
De m'amour serés mas et aves
Se vous n'estes a ychel jour
Avec moi chaiens a sejour. "
Mesire Yvains pleure et souspire
Si qu'a grant paine puet il mot dire:
" Dame, chis termes est trop lons.
Se je pooie estre o vous
Toutes les fois que je vaurroie,
Mout souvent avec vous seroie.
Et je pri Dieu que, s'i li plaist,
Ja tant demourer ne me laist.
Mais tix cuide mout tost venir
Qui ne set que li est avenir*.
Et je ne sai qui m'avenra,
Se ensonnes me retenra
De maladie ne de prison;
S'avés de tant fait mesprison

83c.2593
Que vous ne m'avés mise hors
Seviaus l'ensonne de men cors.
- Sire, fait ele, et je l'i met;
Et neporquant bien vous promet
Que, se Dix de mort vous deffent,
Nus ensoines ne vous atent
Tant con vous souvenra de moi.
Mais or metés en vostre doi
Chest mien anel, que je vous prest;
Et de le pierre quele ele est
Vous dirai je tout en apert:
Prison ne tient ne sanc ne pert
Nus amans vrais ne loiaus,
Ne avenir ne li puet maus,

Mais qu'il le port et chier le tiegne,
Et de s'amie li souviengne;
Anchois devient plus durs que fers.
Chil vous iert escus et haubers
Et voir ains mais a chevalier
Ne le vau prester ne baillier,
Mais par amors le vous doin je. "
Or a mesire Yvains congié;
S'ont mout plouré au congié prendre.
Et li rois ne vaut plus atendre
Pour riens dire c'on li seüst,
Ains quemanda que lors eüst
Tous ses paleffrois amenés,
Appareilliez et enfrenés.
Des qu'il le vaut, mout fu tost fait;
Li paleffroi furent hors trait,
Si n'ia mais que du monter.

83d.2624
Ne sai que vous doie conter,
Conment mesire Yvains s'en part,
Et des baisiers c'on li depart,
Qui furent de lermes semé
Et de douchour enbasumé.
Et del roy, que vous conteroie,
Conment le dame le convoie
Et ses pucheles avec li
Et si chevalier autressi?
Trop i feroie grant demore.
Le dame, pour che qu'ele plore,
Prie li rois de remanoir
Et de raler en son manoir;
Tant li prie qu'a mout grant paine
S'en retourne, ses gens en maine.
Mesire Yvains, mout a anvis,
S'est de sa dame departis,
Ainsi que li cuers ne se muet.
Li rois le cors mener en puet,
Car del cuer n'en merra il mie,
Qui si se tient et si se lie
Au cuer chele qui s'en remaint
Qu'il n'a pooir qu'il le renmaint;
Des que li cors est sans le cuer,

Conment puet il vivre a nul fuer?
Et se li cors sans le cuer vit,
Tel merveille nus hom ne vit.
Cheste merveille est avenue
Qu'il a la vie retenue
Sans le cuer, qui estre y soloit,
Que plus sieurre ne le voloit.

84a.2655
Li cuers a boine remananche
Et li cors vit en esperanche
De revenir au cuer arriere;
S'a fait cuer d'estrange maniere,
D'esperanche qui mout souvent
Traïst et fausse de couvent.
Ja, je cuit, l'eure ne sara
Que esperanche traÿ l'ara;
Car se il .i. seul jour trespasse
Du terme qu'il ont a masse,
Mout a envis trouvera mais
A sa dame trieve ne pais.
Et je quit que le passera,
Car departir ne laissera
Mesire Gauvains d'avec li.
As tournoiemens vont ambedui
Par tous les lieus lau on tournoie.
Et li ans passa toutes voie,
Ne* fist si bien mesire Yvains
Tout l'an que mesire Gauvains
Se penoit de lui honnerer.
Et si le fist tant demourer
Que tous li ans fu trespassés
Et de l'autre an partie assés,
Tant que a la mi aoust vint,
Que li rois court a Chestre tint.
Et furent la veille devant
Revenu d'un tournoiemant
Ou mesire Yvains ot esté;
S'en out tout le pris aporté,
Et dist li compains*, che me samble,

84b.2686
Que chil doi conpagnon ensamble

71

Ne vaurrent en nul lieu descendre,
Ains firent lor paveillon tendre
Hors de la vile et court tinrent;
Onques a court de roi ne vinrent,
Anchois vint li rois a la lour,
Car avec eux sont li mellour
Des chevaliers et tout li plus.
Entr'eus seoit li rois Artus,
Et Yvains lors si conmencha
A penser que lors ne fina,
Que a sa dame ot congié pris,
Ne fu tant de penser souspris
Com de chelui, quar bien savoit
Que couvant menti li avoit
Et trespassés estoit li termes.
A grant paine tenoit ses lermes,
Mais hontes li faisoit tenir.
Tant pensa que a lui* venir
Une damoisele a droiture;
Et vint mout tres grant ambleüre
Seur un paleffroi noir bauchent;
Devant le paveillon dessent,
Que nus n'ala son cheval prendre,
Ne nus ne fu a son dessendre.
Et leus que le roy pot veoir,
Laissa jus son mantel cheoir;
Ainsi toute desafublee
En est el paveillon entree
Et tres devant le roy venue;
Si dist que sa dame salue

84c.2717
Le roy et monseigneur Gauvain
Et tous les autres, fors Yvain,
Le desloial, le jangleour,
Le menchongnier, le guileour,
Qui l'a gabee et decheüe;
Bien a sa guile apercheüe,
Qu'i se faisoit le vrai amerres,
S'estoit faus, soidoians et lerres.
Ma dame a cheste raison dite,
Qu'il n'estoit de nul mal requite
Ne ne quidoit pas, a nul fuer,

72

Qu'il li deüst embler son cuer.
Chil n'enblent pas les cuers qui prent*
Tix y a qui larrons les claiment,
Qui en amor sont non veant,
Samblant font d'amer en devant.
Et chil sont larron ypocrite
Et traïtour qui metent luite
Es cuers embler dont eux ne chaut;
Mais li amis, quel part qu'il aut,
Le tient chier et si le raporte.
Mais Yvain a ma dame morte,
Qu'ele li dist qu'il li gardast
Son cuer et si li raportast
Anchois que fust passés li ans.
Yvains mout fu or oublians
Qu'il ne te puet resouvenir
Que tu deüsses revenir
A ma dame au bout de l'an;
Jusques au jour de saint Jehan
Te donna ele de respit;

84d.2752
Et tu l'eüs en tel despit
Que onques puis ne t'en membra.
Me dame paint en sa cambre a
Tretous les iours et tout le tans,
Quar qui aime en grant pourpens
Est qu'il ne puet prendre boin sonme,
Mais toute nuit tourne et retourne*
Et les jours qui vienent et vont.
Ses tu conme li amant font?
Content le tans et le saison.
N'i sui pas venue sans raison,
Car vous ai trouvé a sejour.
Si ne di je pas pour clamour,
Tant t'en di bien traï nous a
Qui a ma dame t'espousa.
Yvain, n'a mais cure de toi
Ma dame, ains te mande par moi
Que janmais a li ne reviengnes
Ne son anel plus ne detiengnes.
Par moi, que chi en present vois,
Te mande que tu li envois:

Rent li, car rendre le t'estuet. "
Yvains respondre ne li puet,
Que sens et parole li faut;
Et la damoisele avant saut,
Si li osta l'anel du doi;
Puis si conmande a Dieu le roi
Et tous les autres, fors chelui
Qui ele laisse en grant anui.
Et ses anuis tousjours li croist
Et quanque il voit li en croist.

85a.2783
Bien vaurroit estre en tel lieu
Muchiés, en .i. bien secré lieu,
Tous seus, en si sauvage terre
Que on ne le seüst ou querre
N'onme ne fenme n'i eüst
Ne nuls de lui riens ne seüst
Nient plus que s'il fust en abisme.
Ne het tant riens con li meïsmes

85b.2791
Ne ne set a qui se confort
De lui meïsmes, qu'il a mort.
Mix ameroit vis erragier
Que il ne s'en peüst vengier
De lui, qui joie s'est tolue.
D'entre les barons se remue,
Qu'il crient entr'eux issir du sen;
Et de che ne se gardoit l'en,

85c.2799
Si l'en laisserent seul aler:
Bien sevent que de lor parler
Ne de lor siecle n'a il soing.
Et il va tant qu'il fu mout loing
Des tentes et des paveillons.
Lors li monta .i. troubeillons
El chief, si grant que il forsenne;
Lors se desschire et se despenne
Et fuit par cans et par valees,
Si laisse ses gens esgarees,
Qu'il se merveillent ou puet estre:

Querant le vont par trestout l'estre,
Par les hostix ad chevaliers
Et par haies et par vergiers;
Si le quierent lau il n'est pas.
Et il s'en va plus que le pas
Tant qu'il trouva deles .i. parc
Un garchon qui portoit .i. arc
Et tout plain de seetes barbees
Qui mout ierent trenchans et lees.
S'ot tant de sens que au garchon
Erraument toli son archon
Et les saietes qu'il tenoit.
Pour che mais ne li souvenoit
De nule riens qu'il eüst faite.
...*
Et lors ochist et si menjue
La venoison trestoute crue.
Et tant conversa el boscage,
Conme hom forsenés et sauvage,
C'une maison a .i. hermite
Trouva mout basse et mout petite;

85d.2831
Et li hermites essartoit.
Quant vit chelui qui nus venoit,
Bien puet savoir, sans nul redout,
Qu'il n'avoit mie le sens tout;
Et il li* fist, tres bien le sout;
De la paour que il en out
Se feri en sa maisonnete.
...*
Desus une fenestre estroite.
Et chil vient la qui mout couvoite
Le pain et si le prent, s'i mort;
Ne quit que onques mais si fort
Ne de si dur eüst gousté;
N'avoit mie .xx. sols cousté
Le sestier dont fu fais li pains;
Que plus estoit surs que levains,
D'orge iert pertris avec paille,
Avec che estoit il sans faille
Musy et ses conme une escorche.
Mais li fains l'angousse et efforche

Tant que le pout li sout li pains,
C'a tous mengiers est fausse* fains
Bien destenpree et bien confite.
Tout manja le pain a l'ermite
Mesire Yvains, que boin li sout,
Et but de l'iaue froide au pout.
Quant mengié ot si se refiert
El bois, et chiers et bisses quiert;
Et li boins hom mout le doutoit,
Prie Dieu, quant aler l'en voit,
Qu'il le deffende et qu'i le gart
Qu'il ne viengne mais chele part.

86a.2859
Mais nepourquant*, conment qu'il ait,
Que lau on li a le bien fait
Ne reviengne mout volentiers.
Puis ne passa .i. jour entiers,
Tant conme il fu en chele rage,
Que aucune beste sauvage
Ne li aportast a son huis.
Ycheste vie mena puis,
Et li boins hom s'entremetoit
De l'escorchier et si metoit
Assés de la venison cuire;
Et li pains et l'iaue en la buire
Estoit tousjours seur la fenestre
Pour l'onme forsené repaistre.
S'avoit a mengier et a boivre
Venison sans sel et sans poivre
Et yaue froide de le fontaine.
Et li boins home estoit em paine
Des cuirs vendre d'achater pain
D'orge ou de paille ou de grain.
S'ot puis toute sa livrison
Pain a plenté et venison,
Qu'il li dura tant longuement
C'un jor le trouverent dormant
En la forest .ii. damoiseles
Et une lor dame avec eles
De qui maisnie eles estoient.
Vers l'onme nu qu'eles veoient
Keurt et dessent l'une des trois;

Mais mout le regarda anchois
Que nule riens sor li veïst

86b.2890
Qui reconnoistre li feïst;
Ja l'avoit ele tant veü
Que tost l'eüst reconneü
Se il fust de si riche atour
Com ele l'ot veü maint jour.
Au reconnoistre mout tarda
Et nepourquant bien l'esgarda
Que en la fin li fu avis
D'une plaie qu'il ot el vis;
C'une tel plaie el vis avoit
Mesire Yvains, bien le savoit,
Qu'ele l'avoit souvent veüe.
Par la plaie s'est percheüe
Que che est il, de riens n'en doute;
Mais de che sc merveille toute
Conment che li est avenu
Qu'ainsi l'a trouvé povre et nu.
Ne le boute ne ne l'esveille,
Mais mout li vient a grant merveille;
Et prent son cheval, si remonte
Et vient ad autres, si lor conte
S'aventure toute en plourant.
Ne sai qu'alaisse demourant
A conter le duel qu'ele en fist;
Mais plourant a sa dame dist:
" Dame, je ay Yvain trouvé,
Le chevalier mix esprouvé
Del monde et mix entichié;
Mais je ne sai par quel pechié
Est au franc honme mescheü;
Espoir, aucun duel a eü

86c.2921
Qui le fait ainsi demener,
C'on puet bien de duel forsener;
Savoir et veoir puet on bien
Que il n'est mie en son sens bien,
Que ja voir ne li avenist
Que si vilment se contenist

Se il n'eüst le sens perdu.
Car li eüst or Dix rendu
Le sens au mix que il eut onques
Et puis si li pleüst adonques
A remanoir en vostre hostel
En aidant chiaus de vo chastel!
Li cuens Aliers qui vous guerroie,
Le guerre de vous ii. verroie
A vostre grant honnor finee
Se Dix si boine destinee
Li donnoit qu'il le remeïst
En son sens; si s'entremeïst
De vous aidier a chest besoing. "
Le dame dist: " Or n'aiés soing,
Que chertes, se il ne s'en fuit,
Que la rage, si con je quit,
Li hosterons nous de la teste,
Toute doleur et la tempeste.
Mais tost aler vous y couvient,
Car d'un onguement me souvient
Que me donna Margue la sage;
Et si me dist que nule rage
N'est en le teste qu'il n'en ost. "
Vers le chastel s'en vont mout tost,
Qui seoit pres et n'i ot pas

86d.2952
Plus de demie lieue au pas,
As lieues qui el païs sont,
Car a mesure des nos sont
Les deuz une, les quatre deuz.
Chil remest la dormant tous seuz,
Et chele ala l'onguement querre.
La dame un sien escrin desserre,
La boiste en traist et si la charge
A la damoisele, et trop large
Li prie que ele n'en soit,
Les temples et le front l'en froit,
Que ailleurs point metre n'en besoigne.
Seulement les temples l'en oingne,
Et le remanant bien li guart,
Qu'il n'a point de mal autre part
Fors que seulement el chervel.

Robe vaire, cote et mantel
Li fait porter, de soie en graine.
Chele le prent et si li maine
En destre un paleffroi mout boin,
Et avec che y met du soin:
Chemises, braies deliees
Et chausses neuves bien taillies.
A tout ychou, ainsi s'en va;
Encor chelui dormant trouva
La ou ele l'avoit laissié.
Ses chevaus met en un plaissié,
Si les atache et lie fort,
Et puis s'en va lau ou chil dort,
Atout le reube et l'onguement,
Et fait mout tres grant hardement,

87a.2983
Que del forsené tant s'aproche
Que ele le manoie et touche;
Et prent l'onguement si l'en oint
Tant conme en la boiste en a point,
Car sa garison tant convoite
Que de l'oindre partout s'esploite;
Si le met trestout en despense,
Que ne li chaut de la deffence
Sa dame, qu'il ne l'en souvient.
Plus y en met qu'il n'en couvient;
Mais bien, che li est vis, l'emploie:
Les temples oint et tout le cors
Que du chervel l'en issi hors
Le rage et le melancolie.
Mais du cors oindre fist folie,
Qu'il ne li estoit nus mestiers.
S'il en i eüst .v. sestiers,
S'eüst ele autel fait, je cuit.
Le boiste emporte, si s'en fuit,
Si s'est vers ses chevax reposte;
Mais la robe mie n'en oste
Pour che que, se Dix le ravoie,
Que il le voie enmi la voie
Et qu'il le prengne et qu'i s'en veste.
Derrier un grant chaisne s'arreste
Tant que il ot dormi assés;

Si fu garis et respassés,
Et rot son sens et son memore.
Mais nus se voit con .i. yvoire,
S'a grant honte, et plus grant eüst
Se il s'aventure seüst,

87b.3017
Mais n'en set plus que nu se treuve.
Devant li voit le reube neuve,
Si se merveille a desmesure
Conment et par quel aventure
Chele robe estoit la venue;
Mais de sa char que il voit nue
Est trespensés et esbahis,
Et dist que mors est et traïs
S'ainsi l'a trouvé ne veü
Riens nule qui l'ait conneü.
Et toutesvoies si s'en vest
Et regarde par la forest
S'il venroit nul honme venir.
Lever se cuide et soustenir,
Mais il ne puet qu'aler s'en puisse.
Mestiers li est c'aieue truise
Qui li aït et qui l'en maint,
Car si l'a ses grans maus ataint
Qu'a paines puet seur piés ester.
Or n'i veut mais plus arrester
Le damoisele, ains est montee
Et par decoste lui alee,
Aussi con s'el ne l'i seüst.
Et chil, qui grant mestier eüst
D'aÿde, ne li chausist quel,
Qu'il le menast jusqu'a l'ostel
Tant que il refust en sa forche,
De li apeler mout s'efforche.
Et la damoisele autresi
Va regardant environ li
Con s'ele ne saiche qu'il a.

87c.3048
Apelee, va cha et la,
Que droit vers li ne veut aler.
Et chil conmenche a rapeler:

" Damoisele, de cha! de cha! "
Et le damoisele adrecha
Vers lui sen paleffroi amblant.
Cuidier li fait par tel samblant
Qu'ele de lui riens ne savoit
N'onques mais veü ne l'avoit,
Et sens et courtoisie fist.
Quant devant li fu, si li dist:
" Sire chevaliers, que volés,
Qui a tel besoing m'apelés?
- Ha! fait il, damoisele sage,
Trouvés me sui en chest boscage,
Je ne sai par quel mescheanche.
Pour Dieu et pour vostre creanche
Vous pri que en tous guerredons
Me prestés ou donnés en dons
Chel paleffroi que vous menés.
- Volentiers, sire, mais venés
Avec moi la ou je m'en vois.
- Quel part es che? - Hors de chest bois,
A un chastel de chi selonc.
- Damoisele, or me dites donc
Se vous avés mestier de moi.
- Oïl, fait ele, mais je croi
Que vous n'estes mie bien sains;
Dusqu'a quinzaine, a tout le mains,
Vous couvenroit a sejour estre;
Chest cheval que je maine en destre

87d.3079
Prenés, s'irons jusqu'a l'ostel. "
Et chil, qu'il ne demandoit el,
Le prent et monte; si s'en vont
Tant qu'il vinrent enmi le pont
Dont l'iaue estoit roide et bruianz.
Le damoisele rue dedans
Le boiste qu'ele portoit wide;
Ainsi vers la sale se cuide
De son onguement escuser,
Qu'ele dira que au passer
Du pont ainsi li mescheï
Que la boiste en l'iaue chaï:
Pour che que dessous li chopa

Ses paleffrois, li eschapa
Des mains le boiste et a bien prés
Que ele ne chaï aprés,
Mais adont fust le perte graindre.
Cheste menchongne veut enfraindre*
Quant devant sa dame iert venue.
Ensamble ont lor voie tenue
Tant c'au chastel en sont venu;
Si a la dame retenu
Monseigneur Yvain liement;
Et sa boiste et son onguement
Demanda a sa damoisele,
Mais che fu a conseil; et chele
Li a sa menchongne retraite,
Ytele con ele l'avoit faite,
Que le voir ne li osa dire.
S'en ot la dame mout grant ire
Et dit: " Chi a mout laide perte,

88a.3110
Car de che sui seüre et cherte
Qu'ele n'iert janmais retrouvee.
Mais puis que la chose est alee,
Il n'i a que du conforter.
Tele eure quidon desider
Son bien c'on desire son mal;
Aussi conme de chest vassal
Cuidoie bien et joie avoir,
Si ai perdu de mon avoir
Tout le meilleur et le plus chier.
Nepourquant mout vous veul proier
De lui servir seur toute rien.
- A! dame, or dites vous mout bien,
Car che seroit trop malvais jeus
Qui d'un damage feroit deus. "
Atant de la boiste se taisent;
Et monseigneur Yvain aaisent
De tout che que püent et sevent;
Si le baignent et son chief levent,
Et le font rere et rouongnier,
Car on li peüst apongnier
Le barbe a plain poing seur le faiche.
Ne veut chose c'on ne li faiche:

S'il veut armes, on li atourne;
S'il veut chevax, on li sejourne,
Grant et isnel fort et hardi.
Tant sejourna c'a .i. mardi
Vient au chastel li cuens Aliers
A serjans et a chevaliers,
Et metent fus et prennent proies.
Et chil du chastel toutesvoies

88b.3141
Montent et d'armes se garnissent;
Armé et desarmé s'en issent
Tant que les coureours ataignent,
Et pour eux fuir ne degnierent,
Ains les atendent a un pas.
Et mesire Yvains fiert el tas,
Qui tant a esté sejournés
Qu'en sa forche fu retournés;
Si feri de si grant vertu
Un chevalier deseur l'escu
Qu'il mist en .i. mont, che me samble,
Cheval et chevalier ensamble,
N'onques puis chil ne se leva,
Qu'el ventre li cuers li creva
Et fu parmi l'eschine frais.
Un petit s'est arriere trais
MesireYvains et si rekeuvre;
...*
Et poinst pour le pas descombrer.
Si tost c'on ne porroit nombrer
Et un et deuz et trois et quatre.
Qui dont li esveïst abatre
Plus tost et plus delivrement
Quatre chevaliers erraument!
Et chil qui avec li estoient
Pour lui grant hardement prenoient;
Que tix a povre cuer et lasche,
Quant il voit c'uns prodons entasche
Devant lui toute une besoigne,
Que maintenant honte et vergongne
Li keurt sus et si giete hors
Le povre cuer qu'il a el cors,

88c.3173
Si li donne avivement
Cuer de prodonme et hardement.
Ainsi sont chil devenu preu,
Si tient mout bien chascuns son leu
En la mellee et en l'estour.
Et la dame fu en l'estour*
De son chastel montee en haut
Et vit le mellee et l'assaut
Au pas desraingnier et conquerre,
Et vit assés jesans par terre
Des afolés et des malmis,
Des siens et de ses anemis,
Mais des autres plus que des sienz.
Car li courtois, li plains de bienz,
Mesire Yvains tout autresi
Les faisoit venir a merchi
Con li faucons fait les cerchelles.
Et disoient et chil et cheles
Qui el chastel dedens estoient,
Qui les batailles regardoient:
" Ahi! con vaillant sodoier!
Con fait ses anemis ploier!
Com roidement il les requiert!
Tout autresi entr'eus se fiert
Com li lions entre les dains
Quant l'angousse et cache li fains.
Et tuit nostre autre chevalier
En sont plus hardi et plus fier,
Que ja, se par lui seul ne fust,
Lanche brisie n'i eüst
N'espee traite pour ferir.

88d.3204
Mout doit on amer et chierir
Un prodonme quant on le treuve.
Veés or conment chil se prove,
Veés or con se tient en ranc,
Veés con emporte de sanc
Se lanche et s'espee nue,
Veés conment il les remue,
Veés conment il les entasse,
Com il lor vient, con il les passe!

...*
Mais au guenchir petit sejourne
Et mout demeure en son retour;
Veés, quant il vient a l'estour,
Conme il a poi son escu chier,
Que tout le laisse depechier;
N'en a pitié ne tant ne quant,
Mais il se remet mout en grant
Des caux vengier que on li donne.
Que de trestout le bois d'Argonne
Qui en feroit lanches, je quit,
N'en aroit nule encore anuit,
C'om ne li puet tant metre el fautre
Com il depieche et demande autre.
Et veés conment il le fait
De l'espee quant il la trait!
Onques ne fist pas* Durendal
Rollant, de Turs, si grant essart
En Rainchevax ne en Espaigne.
Se il eüst en sa compagne
Auques de si boins compagnons,
Li feux de qui nous nous plaingnons

89a.3235
S'en alast anuit desconfis
Ou il remausissent honnis. "
Et dïent de boin jour seroit nee
Cui il aroit s'amour donnee,
Qui si est as armes puissans
Et seur tous autres connissans,
Si con chierges entre chandoiles
Et la lune entre les estoiles
Et li solaus deseur la lune;
Et de chascun et de chascune
A si les cuers que tuit vaurroient,
Pour la proeche qu'en li voient,
Que il eüst la dame prinze,
Si fust la tere en sa devise.
Ainsi tuit et toutes prisoient
Chelui dont verité disoient,
Car chix de la a si atains
Que il s'en fuient que ains ains;
Mais il les cache mout de pres

Et tuit si conpagnon aprés,
Que les lui sont tout a seür
Con s'i fussent enclos de mur
Haut et espés de pierre dure.
La chasse mout longuement dure
Tant que chix qui fuient ataignent
Et chil qui chassent les mehaignent
Et leurs chevax lor esbouelent.
Li uns par seur les murs roelent,
Qui s'entrafolent et ochïent,
Laidement s'entrecontralïent.
Et li cuens tout adés s'en fuit,

89b.3266
Mais mesire Yvains le conduit,
Qui de lui si grever se faint;
Tant l'a haché que il l'ataint
Au pié d'une haute montee,
Et che est mout pres de l'entree
D'un fort rechet qui estoit siens.
Et la fu retenu li cuens
Et que nus ne li pot aidier;
Et sans trop longuement plaidier
Le prinst la hors mesire Yvains,
Que, des que il le tint as mains
Et il furent seul per a per,
Il n'i ot nient de l'eschaper,
Ne du guenchir, ne du deffendre,
Ains li plevi qu'il s'iroit rendre
A la dame de Noroison,
Si se metroit en sa prison,
Si feroit pais a sa devise.
Et quant il en ot la foy prinze,
Si li fait son chief desarmer
Et l'escu de son col oster,
Et l'espee li rendi nue.
Cheste honnor li est avenue
Qu'il en maine le conte pris,
Si le rent a ses anemis,
Qu'il n'en font pas joie petite.
Mais ains fu la nouvele dite
Au chastel ains qu'il y venissent
Encontre eux tuit et toutes issent,

Et le dame devant tous vient.
Mesire Yvains par la main tient

89c.3297
Son prisonnier, si li presente.
Sa volenté et sa creanche*
Fist dont li cuens et son creant,
Et par foy et par seremant
Et par pleges l'en fist seüre;
Pleges li donna et li livre*
Que tousjours mais pais li tenra
Et sa perte li restorra,
Tant qu'ele en mousterra par prueves,
Et refera ses maisons nueves
Que il avoit par tere mises.
Quant ches choses furent assises
Ainsi con a la dame sist,
Mesire Yvains congié li quist;
Et ele ne li donnast mie
Se il a fenme ou a amie
Le vausist prendre et nochoier.
Mesire Yvains nis convoier
Ne se vaut il laissier .i. pas,
Ains s'en parti isnel le pas,
Si se mist a la voie arriere,
C'onques ne li valut proiere,
Et laissa mout le dame irie
Que il avoit mout faite lie.
Et con plus lie l'avoit faite
Plus li poise et plus li dehaite
Quant il ne veut plus demourer;
Or le vausist ele honerer,
Et si feïst, s'i li pleüst,
Seigneur de quanques ele eüst,
Ou ele li eüst donnees

89d.3328
Pour son serviche grans saudees,
Si grans con il les vausist prendre.
Mais il ne vaut onques atendre
Parole d'onme ne de fenme;
Des chevaliers et de la dame
S'est partis outre leur despois,

Car plus retenir ne lor lois*.
Mesire Yvains pensis chemine
Tant qu'il vint en une gaudine
Et lor oÿ enmi le gaut
Un cri mout dolereus et haut.
Si s'esdrecha leus vers le cri,
Chele part ou il l'ot oÿ,
Et quant il parvint chele part
Vit .i. lion, en .i. essart,
Et .i. serpent qui le tenoit
Par le keue, si li ardoit
Toutes les rains de flambe ardant.
N'ala mie mout regardant
Mesire Yvains chele merveille;
A lui meïsmes se conseille
Auquel des deuz il aidera.
Lor dist c'au lyon aidera,
Qu'a enuious et a felon
Ne doit on faire se mal non,
Et li serpens est enuious,
Si li saut par la goule fus,
Tant est de felonnie plains.
Che se pense mesire Yvains
Qu'il l'ochirra premierement;
L'espee trait et vient avant

90a.3359
Et met l'escu devant se faiche,
Que la flambe mal ne li faiche
Que il getoit parmi la gole,
Qui plus estoit lee d'un ole.
Cheli* lions aprés l'assaut,
De la bataille ne li faut;
Mais quoi qu'il en aviengne aprés,
Aidier li vaurra il adés,
Que pités l'en semont et prie

90b.3368
Qu'il faiche secours et aÿe
A la beste gentil et franche.
A l'espee fourbie et blanche
Va le felon serpent requerre;
Si le trenche jusques en terre

Et les .ii. moitiez retronchonne,
Fiert et refiert, et tant l'en donne
Que tout l'amenuse et depieche.
Mais de le keue une pieche

90c.3377
Li couvint trenchier du leon,
Pour la teste au serpent felon
Qui engoulee li avoit;
...*
L'en trencha, c'onques mains n'en poit.
Quant le leon delivré eut,
Cuida qu'a li li couvenist
Combatre et que sus li venist;
Mais il ne le pensa onques.
Oyés que fist li leons donques:
Il fist que frans et deboinaire,
Que il li conmencha a faire
Samblant que a lui se rendroit,
Et ses piés joins li estendoit,
Puis se va vers tere fichier;
Si s'estuet seur .ii. piés derrier
Et puis si se ragenoulloit
Et toute se faiche moulloit
De lermes, par humilité.
Mesire Yvains, par verité,
Set que li leons l'en merchie
Et que devant lui s'umilie
Pour le serpent qu'il avoit mort
Et lui delivre de la mort;
Si li plaist mout cheste aventure.
Pour le venin et pour l'ordure
Du serpent, essue s'espee,
Si l'a el fuerre reboutee,
Puis se remet il a la voie.
Et li leons les lui costoie,
Que janmais ne s'en partira,
Tousjors mais avec li sera,

90d.3409
Que servir et garder le veut.
Devant a la voie s'aqueut
Tant qu'il senti desous le vent,

Si conme il s'en aloit devant,
Bestes sauvages en pasture;
Si le semonst fains et nature
D'aler em proie et de cachier
Pour sa vitaille pourcachier;
Che veut nature qu'i le faiche.
Un petit s'est mis en la trache
Tant qu'a son seigneur a moustré
Qu'il a senti et encontré
Vent et flair de sauvage beste.
Lors le regarde si s'areste,
Car il le veut servir a gré,
Que encontre sa volenté
Ne vaurroit aler nule part.
Et chil aperchoit son esgart
Qu'il li moustre que il atent;
Bien l'aprechoit, et bien l'entent,
Que s'il remaint, il remanrra,
Et, s'i li siet, que il prendra
La venison qu'il a sentie.
Lors le semont et si l'escrie
Aussi conme .i. brachet feïst;
Et li leons maintenant mist
Le nes au vent qu'il ot senti;
Ne ne li ot de riens menti:
Il n'ot pas une archie alee
Quant il vit en une valee
Tout seul pasturant un chevroil.

91a.3440
Chestui avra il a son voil,
Et il si ot au premier saut,
Puis si en boit le sanc tout chaut.
Quant ochis l'eut si le geta
Seur son dos, si l'en emporta
Tant que devant son seigneur vint,
Qui puis en grant chierté le tint
Pour la grant amor qu'en li ot.
Ja fu pres de nuit, si li plot
Que ileuc se herbegeroit
Et du chevroil escorcheroit
Tant conme il en vaurroit mengier.
Lors le conmenche a escorchier;

Le cuir li fent deseur la coste,
De le longne .i. lardel li oste;
Et trait le fu d'un charbon vis,
S'a de le seche busche pris;
Si rosti tant que tous fu cuis,
Mais du mengier fu nus deduis,
Que il n'i ot ne pain ne sel
Ne nape ne coutel ne el.
Quantqu'il menja devant lui vit
Sen lion, onques ne s'en muit;
Ains l'a tout adés regardé
Tant qu'il ot pris tant du lardé
Et tant mengié qu'il n'en pot plus.
Du chevroil trestout le sousplus
Menga li leons jusques ad os.
Et il tint son chief a repos
Toute la nuit sor son escu,
A tel repos conme che fu;

91b.3473
Et li leons ot tant de sens
Qu'il veilla et fu en espens
Du cheval garder, qui paissoit
L'erbe, qui petit l'encrassoit.
Au matin s'en revont ensamble
Et autel vie, che me samble,
Menerent toute le quinzaine
Tant c'aventure a le fontaine
Deseur le pin les amena.
La par poi ne se forsena
Mesire Yvains, autre feïe,
Quant le fontaine ot aprochie
Et le perron et le chapele.
Mil fois las et dolent se claime
Et chiet pasmés, tant fu dolans.
Et s'espee, qui fu coulans,
Chiet du fuerre, si li apointe
Ad mailles du hauberc la pointe,
Endroit le col, pres de la joe.
N'i a maille qu'il ne descloe,
Et l'espee du col li trenche
Le char desous le maille blanche,
Tant qu'il en fist du sanc cheoir.

Li leons cuida mort veoir
Sen boin ami et son seigneur;
Ains de riens nule duel gregneur
N'oïstes conter ne retraire,
Que il en conmencha a faire;
Il se detort et grate et crie
Et s'a talant que il s'ochie
De l'espee dont est maris,

91c.3506
Qui a son boin seigneur ochis.
A ses dens l'espee li oste
Et sor un fust jesant s'acoste
Et puis derrier .i. fust l'apuie,
Qu'ele ne guenchisse ne fuie
Quant il y hurtera du pis.
Ja fust ses voloirs aconplis
Quant chil de pamisons revint;
Et li leons si se retint,
Qui a la mort tout achesmés
Couroit conme tous forsenés,
Qu'il ne prent garde ou il se fiere.
Mesire Yvains en tel maniere
Decoste le perron se pasme.
Au revenir mout fort se blasme
De l'an que trespassé avoit,
Pour quoi sa dame le haoit,
Et dit: " Que fait qu'il ne se tue,
Cheli qui joie s'est tolue?
Que fais je, las, qui ne m'ochis?
Conment puis je demourer chi
Et veoir les choses ma dame?
En mon cors pour quoi arreste l'ame?
Que fait ame en si dolens cors?
S'ele s'en iert issue hors,
Ne seroit pas en tel martire.
Et mout blasmer et mout despire
Me doit, voir, mout, et je li fas.
Qui pert la joie et le soulas
Par son meffait et par son tort
Mout se doit bien haïr de mort.

91d.3537

92

Haïr et ochirre se doit;
Et dont puis que nulz ne me voit,
Pour quoi m'espreng que ne me tu?
Dont n'ai je chest leon veü,
Qui pour moi a si grant duel fait
Qu'il se veut m'espee entresait
Parmi le pis el cors bouter?
Et je doi le mort refuser,
Qui ai joie a duel changie?
De moi s'est la joie estrangie.
Mais orendroit n'en dirai plus,
Que che ne porroit dire nus;
S'ai demandee grant oiseuse.
De joie fu la plus joieuse
Chele qui m'iert asseüree;
Mais mout m'ot petite duree.
Et qui che pert par son meffait,
N'est drois que boine aventure ait. "
Quoique il ainsi se demente,
Une chaitive, une dolente,
Estoit en la chapele enclose
Et vit et oÿ cheste chose
Par le mur qui estoit crevés.
Maintenant qu'il fu relevés
De pamisons, si l'apela:
" Dix, fait ele, qui est che la?
Qui est qui se demente si? "
Et il li respont: " Et vous, qui?
- Je sui, fait ele, une chaitive
La plus dolente riens qui vive. "
Et il respont: " Tais, fole riens!

92a.3568
Tes deux est joie, tes maux biens
Qui a grant joie te fait vivre.
Plus se desvoie et plus s'enyvre
Deux, quant il l'a, qu'a .i. autre honme;
Unz febles hom porte la sonme,
Par us et par acoustumanche,
Que autres de gregnour poissanche
Ne porteroit pour nule rien.
- Par foi, fait ele, je sai bien
Que ch'est parole toute voire;

Mais pour che ne fait arme a croire
Que vous aiés plus mal de moi,
Et pour che mie ne le croi,
Qu'il m'est avis que vous poés
Aler quel part que vous volés,
Et je sui ore emprisonnee;
Si m'est tele saison donnee
Que demain serai chaiens prinse
Et livree a mortel juise.
- Ha, Dix, fait il, par quel fourfait?
- Sire chevaliers, ja Dix n'ait
De l'ame de mon cors merchi
Se je l'ai mie deservi!
Et nepourquant je vous dirai
Le voir, que ja n'en mentirai,
Pour quoi je sui chi em prison:
On m'apele de traÿson
Se je ne truis qui m'en deffende,
Que demain on ne m'arde ou pende.
- Or primes, fait il, puis je dire
Que li mien deulz et la moie ire

92b.3601
A le vostre doleur passee,
Qu'estre porriés delivree
Par qui que soit de chest peril.
Dont ne porroit che estre? Oïl!
Mais je ne sai encor par cui:
Il ne sont el monde que dui
Qui s'en osast pour moi deffendre
Bataille a .iii. chevaliers prendre.
- Conment? fait il, sont il dont troy?
- Oïl, sire, en la moie foi:
Troi sont qui traïtre me claiment.
- Et qui sont chil qui tant vous ayment,
Dont li uns tant hardis seroit
Qu'a trois armes se conbatroit
Pour vous sauver et garandir?
- Je le vous dirai sans mentir:
Li uns est mesire Gauvains
Et li autres mesire Yvains,
Pour cui demain serai a tort
Livree a martire et a mort.

- Pour qui? fait ...*. Qu'avés vous dit?
- Sire, fait ele, se Dix m'aït,
Pour le fil le roy Urien.
- Or vous ai entendue bien!
Ne vous n'i morrés ja sans li.
Je meïsmes chil Yvains sui
Pour qui vous estes en effroi;
Et vous estes chele, je croi,
Qui en la sale me gardastes;
Ma vie et mon cors me sauvastes
Entre les deuz portes coulans

92c.3632
La u je fui pensis et dolans
Et angousseus et entrepris;
Mors y eüsse esté ou pris
Se ne fust vostre boine aÿe.
Or me dites, ma douche amie,
Qui sont chil qui de traïson
Vous apelent et en prison
Vous ont mise en chest reclus.
- Sire, ne vous chelerai plus
Puis qu'il vous plaist que je vous die.
Voirs est que je ne me fains mie
De vous aidier a boine foy.
Par l'amonnestement de mi,
Ma dame a seignour vous teni;
Mon los et mon conseil creï
Et, par le sainte Patrenostre,
Plus pour son preu que pour le vostre
Le cuidai faire et cuit encore,
Itant vous en reconnois ore;
S'onnor et vostre volenté
Pourquis, se Dix me doinst santé.
Mais quant che vint que vous eüstes
L'an trespassé que vous deüstes
Revenir a ma dame cha,
Ma dame a moi se couroucha
Et mout se tint a decheüe
De che qu'ele m'avoit creüe.
Et quant che seut li seneschaus,
Un fel, .i. lerre, .i. desloiaus,
Si grant envie me portoit

95

Pour che que ma dame creoit

92d.3663
Lui plus qu'autrui de maint afaire,
Si vit bien pour quoi pooit faire
Entre moi et lui grant courous.
En plaine court et voiant tous,
Me mist sus pour vous l'oy traÿe,
Et je n'oy conseil ne aÿe
Fors que moi seule, qui savoie
C'onques vers ma dame n'avoie
Traïson faite ne pensee.
Si respondi conme esfree
Tout maintenant, sans conseil prendre,
Que je m'en feroie deffendre
Par .i. chevalier contre trois.
Onques chil ne fu si courtois
Que il le deignast refuser,
Ne resortir ne esconser
Ne me vaut, pour riens qu'avenist.
Ainsi a parole me prinst;
Si me couvint d'un chevalier
Encontre trois gage baillier,
Par respit de .xl. jours.
Puis ai esté en mainte cours;
A la court le roy Artur fui,
Ne trouvai conseil de nului
Ne ne trouvai qui me deïst
De vous chose qui me seïst,
Car il n'en savoient nouveles.
- Et mesire Gauvains avecques,
Li frans, li dous, ou estoit donques?
A s'aÿe ne failli onques
Damoisele desconseillie,

93a.3694
Que ne li fust appareillie.
- Se je a court trouvé l'eüsse,
Ja requerre ne li seüsse
Riens nule qui me fust vee.
Mais la roÿne en a menee
Un chevalier, che me dist l'en,
Dont li rois fist que hors du sen,

Quant aprés li li envoia;
Li rois, je cuit, le convoia
Aprés le chevalier qui l'en maine;
S'en est or entrés en grant paine
Mesire Gauvains, qui le quiert.
Janmais .i. jour a sejour n'iert
Juques tant qu'i l'ara trouvee.
Toute la verité prouvee
Vous ai de m'aventure dite.
Demain morrai de mort despite,
Si serai arse sans respit
Pour mal de vous et pour despit.
Et il respont: " Ja Dix ne plache
Qu'a vous pour moi nul ...* vous fache!
Ja, que de* vive, n'i morrés.
Demain atendre me porrés
Apareilliés, de ma puissanche,
De metre en vostre delivranche
Mon cors, si conme le doi faire.
Mais de conter ne de retraire
Qui je sui as gens ne vous chaille!
Que qu'aviengne de la bataille,
Gardés que on ne me connoisse.
- Chertes, sire, pour nul angousse

93b.3725
Vostre nom ne descouverroie.
La mort anchois en soufferroie,
Puis que vous le volés ainsi.
Et nepourquant je vous depri
Que ja pour moi ne revegniés.
Ne veul pas que vous enpregniés
Bataille si tres felenesse.
Vostre merchi de la promesse
Que volentiers vous la feriés,
Mais trestous cuites en soiés,
Car mix est que je seule muire
Que je les veïsse deduire
De vostre mort et de la moie.
Que ja pour chou n'eschaperoie
Quant il vous aroient ochis;
S'est mix que vous remaigniés vis
Que nous fussons mort ambedui.

- Mout avés ore grant anui,
Fait mesire Yvains, chiere amie.
Espoir ou vous ne volés mie
Estre delivre de la mort,
Ou vous despisiés le confort
Que je vous fais de vous aidier.
Ne quier or plus de vous plaidier,
Que vous avés tant fait pour moy,
Chertes, que falir ne vous doi
A nul besoing que vous aiés.
Bien sai que mout vous esmaiés,
Mais, se Dix plaist, en cui je croi,
Il en seront honni tout troi.
Or n'i a plus, que je m'en vois,

93c.3756
Ou que soit, logier en chel bois,
Que d'ostel pres ne sui je point.
- Sire, fait ele, Dix vous doinst
Et boin chastel et boine nuit,
Et de chose qui vous anuit,
Si con je le desir, vous gart! "
Tantost mesire Yvains s'en part,
Et li leons tousjours aprés.
S'ont tant erré qu'i vienent pres
D'un fort chastel a .i. baron
Qui clox estoit tout environ
De mur espés et fort et haut.
Li chastiaus ne cremoit assaut
De mangonnel ne de perriere,
Qu'il estoit fors de grant maniere;
Mais hors des murs estoit si rese
Le place qu'il n'i ot remese
En estant borde ne maison.
Assés en sarés le raison
Une autre fois, quant lieu sera.
Le plus droite voie s'en va
Mesire Yvains vers le chastel;
Et .vii. vallés fort et isnel
Li sont tantost encontre alé.
Si li ont un pont avalé.
Mais du lion, c'avec lui voient,
Venir durement se doutoient;

Si li dïent que, s'i li plaist,
Sen lion a le porte laist,
Qu'il ne les afolt ou ochie.
Et il respont: " N'en parlés mie,

93d.3787
Que ja n'i enterrai sans lui:
Ou nous arons hostel ambedui
Ou je remanrrai cha dehors,
Que autant l'aime conme mon cors.
Et nepourquant n'en doutés riens,
Que je le garderai si bien
Qu'estre porrés tout asseür. "
Et chil respondent: " A boin eür! "
Atant sont el chastel entré
Et vont tant qu'il ont encontré
Chevaliers et dames venans
Et damoiseles avenans
Qui le saluent et descendent
Et a lui desarmer entendent;
Si li dïent: " Bien soiés vous,
Biau sire, venus entre nous,
Et Dix vous y doinst demourer
Tant que vous en puissiés tourner
...* "
Des le plus haut jusqu'au mener*,
Li font joie et forment s'en painent;
A grant joie el chastel l'en mainent.
Et quant le joie li ont faite,
Une dolours qui les dehaite
Leur font tost lor joie oublier;
Si reconmenchent a plourer
Et crïent et si s'esgratinent.
Ainsi mout longuement ne finent
De joie faire et de plourer:
Joie pour lor hoste honnerer
font sans chou que talent en ayent,
Car d'une aventure s'esmaient

94a.3819
Qu'il atendent a l'endemain;
S'en sont tuit seür et chertain
Qu'il l'avront, ains que midi soit.

99

Mesire Yvains s'esbahissoit
De che qu'i si souvent changoient
Et duel et joie demenoient.
S'en mist le seignor a raison
Du chastel et de la maison:
" Pour Dix, fait il, biaus dous chiers sire,
Yche vous plairoit il a dire
Pour quoi tant m'avés honoré
Et tant fait joie, et tant plouré?
- Oïl, s'i vous vient a plaisir;
Mais le cheler et le taisir
Devriez mix assés voloir;
Chose qui vous faiche doloir
Ne vous dirai je ja, mon veul;
Che ne porroit estre que duel.
- A nul fuer, fait il, ne lairoie
Que je le verité n'en oye,
Car le desir mout a savoir,
Quel duel que je en doie avoir.
- Dont, fait il, le vous dirai ge.
Mout m'a .i. gayans fait damage,
Qui voloit que je li donnaisse
Ma fille, qui de grant biauté passe
Toutes les pucheles du monde.
Li fex jaians, que Dix confonde,
A non Arpin de la montagne;
N'est nul jour que del ne me* prengne
Trestout quanqu'il en puet ataindre.

94b.3852
Nus mix de moi ne se doit plaindre,
Ne duel faire, ne duel mener;
De duel devroie forsener,
Que sis fix chevaliers avoie,
Plus biaus el monde ne savoie;
S'il a tous .vi., li gaians, prins;
Voiant moi en a .ii. ochis
Et demain ochirra les quatre,
Se je ne truis qui s'ost combatre
A lui, pour mes fix delivre*,
Ou se je ne li veul livrer
Ma fille; et dit, quant il l'avra,
A plus vilz garçons qu'il sara

En sa maison et a plus ors
Le liverra pour ses depors,
Qu'il ne la desire mais prendre.
A demain puis chest duel atendre,
Se Dix ou vous ne m'en conseille.
Et pour chou n'est mie merveille,
Biau sire chiers, se nous plourons.
Mais pour vous, tant con nous poons,
Nous reconfortons a le fye
De faire contenanche lie;
Car folz est qui prodonme atrait
Entour lui, s'oneur ne li fait,
Et vous me resamblés prodonme;
Or vous ai trestoute la sonme
Dite de nostre grant tristreche,
N'en chastel ne en fortereche,
Ne nous a laissié li gaians
Fors tant con nous avons chaiens.

94c.3883
Vous et ensement bien veïstes
Anuit se garde vous preïstes,
Qu'il n'a laissié vaillant .i. oef
Hors de ches murs qui tout sont noef;
Ains a trestuit le bour plané;
Quant che qui vaut en ot mené,
Si mist el remanant le feu;
Ainsi m'a fait maint felon jeu. "
Mesire Yvains tout escouta
Quanques ses hostes li conta,
Et quant trestout escouté ot,
Si li redist che qu'il li plot:
" Sire, fait il, de vostre anui
Mout iriés et mout dolens sui,
Mais d'une chose me merveil,
Se vous n'en avés quis conseil
A la court le fort roi Artur.
Nus hom n'est de si grant vertu
Qu'a sa court ne peüst trouver
Tel qui vaurroit bien esprouver
Sa vertu encontre la soie. "
Et lors li descovre et desloie
Li riches hom que il eüst

101

Boine aÿe se il seüst
Ou trouver monseigneur Gavain.
" Chil ne l'enpresist pas en vain,
Que ma fenme est sa seur germaine;
Mais la fenme le roi enmaine
Un chevalier d'estrange tere;
Si l'ala a le court requerre,
Ne pour che ja ne l'en eüst

94d.3914
Mené, pour riens que il seüst,
Ne fust Keus, qui l'*embriconna
Le roy tant que il li bailla
Le roÿne et mist en se garde.
Chil fu faus et chele musarde
...*
Trop grant damage et trop grant perte;
Et che est chose toute aperte
Que mesire Gauvains, li preus,
Pour sa nieche et pour ses neveus,
Fust cha venus grant aleüre
Se il seüst cheste aventure;
Mais il ne set, dont tant me grieve
Pour poi que li cuers ne m'en grieve*;
Ains est alés aprés chelui,
Qui Damedix doinst grant anui,
Quant mené en a le roÿne. "
Mesire Yvains onques ne fine
De souspirer, quant che entent;
De la pitié que il l'em prent
Li respont: " Biaus sires chiers,
Je m'en metroie volentiers
En l'aventure et el peril
Se li gaians et vostre fil
Venoient demain a tel heure
Que n'i faiche trop grant demeure,
Que je ferai* ailleurs que chi,
Demain a heure de midi,
Si conme je l'ai creanté.
- Biau sire, de la volenté
Vous merchi je, fait li prodon,
Chent mile fois en .i. randon. "

95a.3947
Et toutes les gens de l'ostel
Li redisoient autretel.
Atant ist d'une chambre hors
Le puchele, gente de cors
Et de faiche bele, plaisans.
Mout fu simple, mate et taisans,
C'onques ses deuz ne parvint fin,
Vers tere vint le chief enclin;
Et sa mere revint decoste,
Que moustrer li voloit son hoste
Li sires, qui les ot mandees.
En lor mantiax envolepees
Vinrent, pour lor lermez couvril*;
Et il lor conmande a ouvrir
Les mantiax et les chiés lever,
Et dit: " Ne vous doit pas grever
Che que je vous conmant a faire,
Que un prodonme mout deboinaire
Nous a Dix et boine aventure
Chaiens tramis, qui m'aseüre
Qu'il se conbatra au gaiant.
Or n'en alés plus delaiant,
C'au pié ne l'en alés chaoir.
- Che ne me laist ja Dix veoir!
Fait mesire Yvains maintenant.
Voir ne seroit mie avenant
Que au pié me venist la suer
Monseigneur Gauvain a nul fuer
Ne sa nieche; Dix m'en deffenge,
C'orgueil en moi tant ne s'estenge
Que a mon pié venir les lais.

95b.3978
Voir je n'oublieroie mais
Le honte que j'en averoie.
Mais de che boin gré lor saroie,
Se eles se reconfortoient
Jusqu'a demain, que eles voient
Se Dix les vaurra conseillier.
Moy n'en couvient il plus proier,
Mais que li gaians si tost viengne
Qu'ailleurs mentir ne me couviengne,

Que pour riens je ne laisseroie
Que demain, a midi, ne soie
Au plus grant afaire pour voir
Que je peüsse onques avoir. "
Ainsi ne les veut pas du tout
Asseürer, car en redout
Est que li gaians ne venist
A chele eure que il poïst
Venir a tans a la puchele
Qui est enclose en la capele.
Et nepourquant tant lor pramet
Qu'en boine esperanche les met;
Et tuit et toutes l'en merchïent,
Qu'en sa proeche mout se fient
Et mout quident qu'il soit prodon
Pour la compagnie au leon
Qui aussi simplement se gist
Les lui conme unz agniaux fesist.
Pour l'esperanche qu'en li ont
Se confortent et joie font,
N'onques puis duel ne demenerent.
Quant heure fu, si l'en menerent

95c.4009
Couchier en une chambre bele;
Et la damoisele et sa mere
Furent ambdeuz a son couchier,
Car il l'avoient ja mout chier
Et chent mile tans chier l'eüssent
Se la courtoisie seüssent
Et le grant proeche de lui.
Il et li leons amdui
Laiens jurent et reposerent,
Qu'autres gens gesir n'i oserent;
Ains lor fremerent si bien l'uis
Que il n'en peurent issir puis
Jusqu'au matin a l'ajournee.
Quant la chambre fu desfremee,
Si se leva et oÿ messe
Et atendi, pour la promesse
Qu'il ot, jusqu'a l'eure de prime.
Le seignor du chastel meïsme
Apele oiant tous, si li dit:

" Sire, je n'ai plus de respit,
Ains m'en yrai, si ne vous poist,
Que plus demourer ne me loist.
Et saichiés bien chertainement
Que volentiers et boinement
Demouraisse encore une pieche,
Pour les neveuz et pour la nieche
Monseigneur Gauvain, que j'aim mout. "
Trestout li sans fremist et bout
A le puchele, de paour,
A la dame et a son seignor;
Tel paour ont qu'il ne s'en aut,

95d.4042
Que il li vaurrent, de si haut
Conme il ierent, as piés chaïr,
Quant il lor prist a souvenir
Qu'a li ne fust ne bel ne bon.
Lors li offre a donner du sien
Li sires, s'il en veut avoir,
Ou soit de tere ou soit d'avoir,
Mais que encore .i. poi atende.
Et il respont: " Dix m'en deffende,
Que je ja riens nule en aie! "
Et la puchele, qui s'esmaie,
Conmenche mout fort a plourer,
Si li prie de demourer.
Conme destroite et angousseuse,
Pour la roÿne glorieuse
Des angles et du chiel li prie,
Et pour Dieu, qu'il ne s'en voist mie,
Ains atende encore .i. petit,
Et pour son oncle dont il dit
Que il connoist aime et prise.
Lors l'en est mout grans pitié prinze
Quant il ot qu'ele se reclaime
De par l'onme que il plus ainme
Et par la roÿne du chiel
Et de par Dieu, qui est le miel
Et de la douchour de pitié.
D'angousse a .i. souspir jetié,
Que pour le royaume de Tharse
Ne vaurroit que chele fust arse

Que il avoit asseüree;
Sa vie averoit courte duree

96a.4073
Ou il istroit tous vis du sens
S'il n'i pooit venir a tens;
Et d'autre part, en tel destreche
Le retient le grant gentilleche
Monseigneur Gauvain, son ami,
C'a paines ne li fent par mi
Li cuers, quant demourer n'i puet.
Nepourquant encor ne se muet,
Anchois demeure et si atent
Tant que li gaians vint batant,
Qui les chevaliers amenoit;
Et a son col un pel tenoit,
Gros et quarré, agu devant,
Dont il les batoit mout souvent;
Et il n'avoient pas vestu
De robes vaillant .i. festu,
Fors chemises sales et ordes;
S'avoient bien liés de cordes
Les piés et les mains, et seoient
Seur quatre gingles qui clochoient,
Febles et magres et redois.
Chevauchant vinrent les le bois;
Et unz nains bochus et enflés
Les eut keue a keue noués,
Si les costioit trestous quatre
N'onques ne les finoit de batre
D'escorgies a pluseurs neus,
Dont mout cuidoit faire que preus;
Si les batoit si qu'il sanoient;
Ainsi vieument les amenoient
Entre le jaiant et le nain.

96b.4104
Devant le porte, enmi un plain,
S'arreste li gaians et crie
Au prodonme que il deffie
Ses fix de mort, s'i ne li baille
Sa fille; et a sa garchonnaille
La le meteroit a essille*,

Car il ne l'aime tant ne prise
Qu'en li se deignast aprochier;
De garchons ara un millier
Avoec li, souvant et menu,
Qui seront pooulleus et nu,
Tix con garchons et torchepos,
Qui tuit y metront lor escos.
A poi que li prodons n'esrage
Quant ot cheli qui a putage
Dist que sa fille metera
Or* tantost, si qu'il le venra,
Seront ochis si quatre fil;
A tel destreche conme chil
Qui mix s'ameroit mors que vif.
Mout souvant se claiment chaitif,
Et pleure et souvent si soupire;
Et lors li conmencha a dire
Mesire Yvains, li frans, li douz:
" Sire, mout est fel et estouz
Chil gaians, qui forment s'orgoille.
Mais ja Dix si souffrir ne veulle
Qu'il ait pooir seur vostre fille!
Mout la despit et mout l'aville.
Trop seroit grans mesaventure
Se si tres bele creature

96c.4135
Et de si haut parage nee
Estoit a garchons ja donnee.
Cha, mes armes et mon cheval!
Et faites le pont traire aval,
Si me laissiés outre passer.
L'un en couvenra ja laissier,
Ou moi ou lui, ne sai lequel.
Se je le felon, le cruel,
Qui si vous va contraliant,
Pooie faire humiliant
Tant que vos fix vous rendist quite
Et le honte qu'i vous a dite
Vous venist chaiens amender,
Puis vous vaurroie conmander
A Dieu, s'iroie en mon afaire. "
Lors li vont son cheval hors traire

Et toutes ses arment* li baillent;
De lui armer bien se travaillent
Et bien et tost l'ont atourné;
A lui armer n'ont sejourné,
Se tout le mains non que il peurent.
Quant bien et bel atourné l'eurent,
Si n'i ot que de l'avaler
Le pont et de laissier aler;
On li avale et il s'en ist,
Mais aprés lui ne remausist
Li leons en nule maniere.
Et chil qui sont remés arriere
Le conmandent au Sauveor,
Car de lui ont mout grant paour
Que li maufés, li anemis,

96d.4166
Qui maint prodonme avoit ochis
Voiant lor iex, enmi la plache,
C'autretel de lui ne refaiche.
Si prïent Dix qu'i le deffende
De mort, et sauf et vif lor rende,
Et le gaiant li doinst ochirre.
Chascuns, si con il le desire,
Em prie Dieu mout douchement;
Et li gaians mout fierement
Vint vers li, si le manecha
Et dist: " Chil qui t'envoia cha
Ne t'amoit mie, par mes iex!
Chertes, il ne se pooit mix
De toi vengier, en nule guise;
Mout a bien sa venjanche prinze
De quanques tu li as fourfait.
- De noient es entrés el plait,
Fait chil, qui ne le doute rien.
Or fai ton mix et je le mien,
Tes paroles oiseuses me laisse. "
Tantost mesire Yvains s'eslaisse
Et de cheli s'est departis;
Ferir le va enmi le pis,
Qu'il ot armé d'une piax d'ors;
Et li jaians revint le cours
De l'autre part, atout le pel.

Enmi le pis l'en donna tel
Mesire Yvains que la pel fausse;
El sanc du cors, en lieu de sausse,
Le fer de la lanche li moulle;
Et li jaians de duel les roulle

97a.4197
Si que trestout ploier le fait.
Mesire Yvains l'espee trait,
Dont il savoit ferir grans cox.
Le jaiant a trouvé des cox*,
Qui en sa forche se fioit
Tant que armer ne se deignoit;
Et chil, qui tint l'espee traite,
Li a une envaÿe faite;
Del trenchant, non mie du plat,
Le fiert si bien qu'il li abat
De la joe une carbonee,
Et chil l'en ra une donnee
Si qu'il le fait trestout brunchier
Jusques seur le dos du destrier.
A chest cop li leons se creste,
De son seignor aidier s'apreste,
Si saut par ire et par grant forche,
Et ront et fent conme escorche,
Seur le gaiant, le pel velue;
Desous le pel li a tolue
Une grant pieche de le hanche;
Les ners et le braon li trenche,
Et li jaians lor est estors,
Si brait et crie conme tors,
Que mout l'a li leons grevé;
A deuz mains ot le pel levé
Et cuide ferir, mais il faut
Et li leons arriere saut;
Si pert son cop et chiet en vain
Par deles monseigneur Yvain,
Que l'un ne l'autre n'adesa.

97b.4228
Et mesire Yvains entesa,
Si a deuz caux entrelardés.
Ains que il se fust regardés,

109

Li ot, au trenchant de l'espee,
L'espaulle du bus dessevree;
A l'autre cop, sous le mamele,
Li a boutee l'alemele
De l'espee parmi le foie;
Li jaians chiet, le mort l'aproche,
Et, se uns grans chaisnes cheïst,
Ne cuit gregnor escrois feïst
Que li jaians fist au chaioir.
Le cop vaurrent mout tuit veoir
Chil qui estoient ad crestiaus.
Lors y parut li plus isniax,
Car tuit keurent a la cuirie,
Si con li chien qui ont chacie
La venison tant qu'il l'ont prinze;
Ainsi y keurent sans faintise
Tuit et toutes, par aatine,
La ou chil gist gueule souvine.
Li sires meïsmes y court
Et toutes les gens de sa tour;
Court il* sa fille avec sa mere;
Or ont joie li quatre frere,
Qui mout avoient mal souffert.
De monseigneur Yvain sont serf*;
Mais il ne paurrent retenir
Yvain pour riens qui avenist;
Si li prïent du retourner
Pour deduire et pour sejourner.

97c.4259
Tout maintenant que fait a,
Ailleurs en son afaire va.
Et si respont voir que il n'ose
Asseürer de nule chose;
Il ne set mie devenir
S'i li puet bien ou mal venir;
Mais au seigneur ytant dist il
Qu'il voloit que si quatre fil
Et sa fille prengnent le nain,
S'aillent a monseignor Gauvain,
Quant il saront qu'il iert venus,
Et conment il s'est contenus
Veut qu'il li soit dit et conté;

Que pour noient fait le bonté
Quant nule fois ne iert seüe.
Et il dirent: " Ja n'iert teüe
Cheste bontés, que n'est pas drois.
Bien ferons quanques vous vaurrois,
Mais dites moi que nous dirons,
Sire, quant devant lui venrons,
De qui nous porrons nous loer
Quant nous ne vous savons nonmer. "
Et il respont: " Cheli porrois
Dire, quant devant lui verrois,
Que li chevaliers au leon
Vous dis que je avoie non.
Et avec che proier vous doi
Que vous li dites de par moi
Qu'il me connoist bien et je lui;
Et si ne set or qui je sui.
De riens nule plus ne vous pri;

97d.4290
Or m'en couvient aler de chi,
Et ch'est la riens qui plus m'esmaie,
Que je trop demouré n'i aie,
Car ains que midi soit passés,
Arai aillours a faire assés
Se je y puis venir a heure. "
Lors s'en part, que plus n'i demeure;
Mais anchois mout proié li out
Li sires, au plus bel que il pout,
Que ses quatre fix enmenast:
N'i ot nul mout ne s'en penast
De lui servir, se il vausist;
Mais li ne pleut ne li ne sist
Que nus li feïst compagnie;
Lors s'en va, la plache a guerpie,
Tout maintenant que il s'esmuet,
Tant que cheval porter l'en puet,
En retournant vers le chapele,
Que la voie iert mout droite et bele
Et il la set mout bien tenir.
Mais ains qu'il y poïst venir,
A la chapele, en fu hors traite
Le damoisele, et la roy faite

Ou ele devoit estre mise
Trestoute nue en sa chemise.
Au fu liee la tenoient
Chil qui a tort sus li metoient
Che qu'ele onques pensé n'avoit;
Mesire Yvains vient, si le voit
Au fu ou on la deut ruer,
Et che li deut mout anuier;

98a.4321
Courtois ne sages ne seroit
Qui de riens nule en douteroit.
Voirs est que mout li anuia,
Mais boine fianche en Dieu a
Que Dix et drois li aideront,
Qui a sa partie seront;
En sen conpagnon mout se fie
Et ses leons ne rechet mie.
Vers la presse tous eslaissiés
S'en va criant: " Laissiés laissiés
Le damoisele, gent malvaise!
N'est drois que dedens le fournaise
Soit mise, que meffait ne l'a. "
Et chil tantost que la que la
Si descent*, si li firent voie.
Et lui est mout tart que il voie
Des iex chele qui aidier doit
Du cuer en quel lieu qu'ele soit.
Ad iex le quiert tant qu'il la treuve,
Et met son cuer en tel espreuve
Qu'il le retient et si l'afraine
Si con le retient a grant paine
Au fort frain du cheval tirant.
Et nepourquant en souspirant
Le regarde mout volentiers,
Mais ne fait mie tous entiers
Ses souspirs, c'on ne le connoisse,
Ains les retrenche a grant angousse.
Et de che grant pité li prent
Qu'il voit et ot et si entent
Les povres dames qui faisoient

98b.4352

112

Mout tres grant duel et si disoient:
" Ha! Dix, con nous as oubliees,
Com or remaurrons esgarees,
Qui perdonmes si boine amie
Et tel conseil et tele aÿe,
Qui a la court pour nous estoit!
Par son conseil nous revestoit
Ma dame de ses robes vaires;
Mout cangera or li afaires,
Qu'il n'iert mais qui pour li parot.
Honnis soit par qui la perdrons,
Que trop grant damage y arons;
N'iert mais qui die ne qui lot:
" Chest mantel vair et chest sercot
Et cheste coute, chiere dame,
Donnés a chele franche fenme,
Car chertes, se li envoiés,
Mout y sera bien emploiés,
Que ele en a mout grant souffrete. "
Ja de che n'iert parole faite,
Que nus n'est mais frans ne courtois,
Ains demande chascuns anchois
A son oes que a autrui ne fait,
Sans che que nul mestier en ait. "
Ainsi se demenoient cheles;
Et mesire Yvains iert entre eles,
Qui ot oÿ bien les complaintes,
Qui n'estoient fausses ne faintes;
Et vit Lunete agenoullie,
En sa chemise a depoullie,
S'avoit la sa confesse prinze,

98c.4384
A Dieu de ses pechiés requise
Merchi, et sa coupe clamee;
Et chil, qui tant l'avoit amee,
Vient vers li, si l'en lieve amont
Et dit: " Ma damoisele, ou sont
Chil qui vous blasment et acusent?
Maintenant, se il ne refusent,
Lor iert le bataille aramie. "
Et chele, qui ne l'avoit mie
Encor veü ne esgardé,

Li dist: " Sire, de le part Dé
Veigniés vous a mon grant besoing!
Chil qui portent le faus tesmoing
Sont chi vers moi tout apresté.
S'un poi eüssiés plus esté,
Par tans fusse charbons et chendre.
Venus estes pour moi deffendre,
Et Dix le pooir vous en doinst,
Ainsi con gié de tort n'ai point
De blasme dont je sui blasmee. "
Cheste parole a escoutee
Li seneschaus et si doi frere:
" Ha! font il, fame, chose avere
De voir dire et de mentir large!
Mout est faux qui pour toi encharge,
Pour ta parole, si grans fais;
Mout est li chevaliers malvais
Qui venus est morir pour toi,
Qu'il est seuz et nous sonmes troi.
Mais je li lo qu'i s'en retourt
Anchois que a anui li tourt. "

98d.4415
Et chil respont, qui mout anuie:
" Qui paour ara, si s'en fuie!
Ne dout pas tant vos trois escus
Que sans cop m'en aille vaincus.
Mout seroie ore mal afaitiés
Se je, tous sains et tous haitiés,
Le plache et le camp vous laissoie!
Ne ja tant conme sains y soie
Ne m'en fuirai pour tes manaches.
Mais je te conseil que tu faches
Le damoisele clamer quite
Que tu as a grant tort sourdite;
Ele le dit, et je l'en croi,
Qu'el m'en a plevie sa foi
Et dit, sor le peril de s'ame,
C'onques traïson vers sa dame
Ne fist, ne dist, ne ne pensa.
Bien croi che qu'ele dit m'en a;
Si la deffendrai se je puis,
Et son droit en m'aÿe truis.

114

Et qui le voir dire en vaurroit,
Dix se retient devers le droit,
Que Dix et drois amis se tienent;
Et quant il deuers moi s'en vienent,
Dont ai je meilleur compagnie
Que tu n'as et meilleur aÿe. "
Et chil respont mout folement
Que il met en son nuisement
Trestout quanqu'il li plaist et siet,
Crient que ses leons ne li griet.
Et chil dist c'onques sen leon

99a.4446
Ni amena pour compagnon
N'autrui que li meller n'en quiert;
Mais se ses leons le requiert,
Si se deffende vers lui bien,
Qu'il ne l'en afie de rien.
Et chil respont: " Quoi que tu dies,
Se tu ton leon ne chasties
Et tu ne fais em pais ester,
Dont n'as tu chi que demourer.
Mais reva t'ent, si feras sens,
Que par tout chest païs set l'ens
Conment cheste traÿ sa dame;
S'est drois que en fu et en flambe
L'en soit rendue la merite.
- Ne plaiche le Saint Esperite!
Fait chil, qui bien en set le voir.
Ja Dix ne me doinst joie avoir
Tant que je delivree l'aie. "
Lors dist au leon qu'il se traie
Arriere et trestous cois se gise;
Et il le fait a sa devise.
Li leons s'est arriere trais.
Tantost le parole et li plais
Remaint d'euz deus, si s'entreslongent;
Li troi vers li ensamble poignent,
Et il vient encontre eux le pas,
Que derreer ne se vaut pas
As premerains cops n'angoussier.
Lors lanches lor laissent froissier
Et si retint la soie saine;

De son escu lor fait quintaine,

99b.4477
Si a chascuns sa lanche frainte.
Et il a une empainte faite,
Tant que d'euz .i. arpent s'eslongent;
Mais tost revient a la besoigne,
Qu'il n'ot cure de lonc sejour.
Le seneschal en son retour
Devant ses deuz freres ataint:
Se lanche seur le col li fraint,
Sil porte a tere malgré sien;
Et cop li a donné si bon
C'une grant pieche estourdis tint
Ne de riens nule ne revint.
Et li autre doi sus li vienent:
Ad espees que nues tienent
Li donnent grans cops ambedui,
Mais plus grans rechoivent li dui,
Car de ses cops vaut li unz seus
Des lor tout a mesure deus.
Si se deffent vers eux si bien
Que de son droit n'en portent rien,
Tant que li seneschaus relieve,
Qui de tout son pooir li grieve;
Et li autre avec li se painent
Tant qu'il le grievent et sourmainent.
Et li leons, qui che esgarde,
De li aidier plus ne se tarde,
Que mestiers li est, che li semble;
Et les dames toutes ensemble,
Qui la damoisele mout ayment,
Damedix souvent en reclaiment
Et si li prïent de boin cuer

99c.4508
Que souffrir ne veulle a nul fuer
Que chil ne soit mors ne conquis
Qui pour li s'est el caple mis.
Les proieres aÿe li font
Que les dames faites li ont.
Et ses leons li fait aÿe
Tele qu'a premiere envaÿe

A de si grant aïr feru
Le seneschal, qui a pié fu,
Qu'aussi conme che fussent pailles
Fait du hauberc voler les mailles,
Et contreval si fort le sache
Que de l'espaulle li errache
Le tenroit a tout le costé.
Quanque il tient l'en a osté,
Si que les entrailles li perent.
Chel cop li autre dui conperent.
Or sont el camp tuit per a per;
De la mort ne puet escaper
Li seneschaus, qui se toueille
Et retourne en l'onde vermeille
Du sanc chaut qui du cors li saut.
Les autres li leons assaut,
Qu'ariere ne le puet cachier,
Pour ferir ne pour manechier,
Mesire Yvains en nule guise;
Si y a mout grant paine mise.
Mais li leons sans doute set
Que ses sires mie ne het
S'aÿe, anchois l'en aime plus;
Si lor passe fierement sus

99d.4539
Tant que chil de ses caus se plaignent
Et lui reblechent et mehaignent.
Quant mesire Yvains voit blechié
Son leon, mout est courouchié
El cuer du ventre, n'a pas tort;
Mais du vengier se paine fort,
Si les bat si estroitement
Qu'il les maine jusqu'a noient,
Si que vers li ne se deffendent
Et que en sa merchi se rendent
Par l'aÿe que li a faite
Li leons, qui mout se deshaite,
Car en tant lieus estoit plaiés
Bien pooit estre esmaiés.
Et d'autre part mesire Yvains
Ne restoit mie trestous sains,
Ains avoit el cors mainte plaie;

Mais de tout che tant ne s'esmaie
Con de sen leon, qui se deut.
Or a, tout ainsi conme il veut,
La damoisele delivree,
Que s'ire li a pardonnee
Sa dame trestout de son gré.
Et chil furent ars en la ré
Qui pour li ardoir fu esprise;
Que che est raison de justiche
Que chil qui autrui juge a tort
Doit de chelui meïsme mort
Morir que il li a jugie.
Or est Lunete baude et lie
Quant a sa dame est acordee;

100a.4570
Si ont tel joie demenee
Que nules gens si grant ne vinrent.
Et tuit a lor seignor offrirent
Lor serviche si con il durent,
Sans che que il nel reconnurent,
Ne la dame aussi, qui avoit
Son cuer et si ne le savoit,
Li pria mout s'a lui pleüst
...*
Respasser son leon et lui.
Et il dist: " Dame, che n'iert hui
Que je me remaigne en chest point
Tant que ma dame me pardoinst
Son mautalent et son courous.
Lors finera mes travax tous.
- Chertes, fait ele, che me poise.
Je ne tieng mie pour courtoise
La dame qui mal cuer vous porte.
Ne deüst pas veer sa porte
A chevalier de vostre pris
Se trop n'eüst vers li mespris.
- Dame, fait il, coi qu'il me griet,
Trestout me plaist quanqu'il li siet,
Mais ne m'en metés plus en plait,
Que l'acoison ne le fourfait
Ne dirai jou pour nule rien
S'a chix non qui le sevent bien.

- Le set dont nus se vous dui non?
- Oïl, voir, dame. - Et vostre non
Seviax, biau sire, car me dites!
Puis si vous en alés tous quites.
-Tous quites, dame? Non feroie;

100b.4602
Plus doi que rendre ne porroie.
Ne pour chou ne vous quier cheler
Conment je me fais apeler:
Ja du chevalier au leon
N'orrés parler se de moi non;
Par chest non veul que on m'apiaut.
-Pour Dix, biau sire, che qu'espiaut
Que onques mais ne vous veïsmes
Ne vostre non nonmer n'oïsmes?
- Dame, pour chou savoir poés
Que ne sui gaires renonmés. "
Lors dist la dame derekief:
" Encore, s'il ne vous estoit grief,
Du remanoir vous prieroie.
- Chertes, dame, je n'oseroie
Jusques chertainement seüsse
Que le boin gré ma dame eüsse.
- Or alés dont a Dieu, biau sire,
Que vostre pesanche et vostre ire,
S'il li plaist, vous atourt a joie!
- Dame, fait il, Dix vous en oie! "
Puis dist entre ses dens souef:
" Dame, vous emportés la clef,
La serrure et l'escrin avés
Ou ma joie est, sil ne savés. "
Atant s'en part a grant angousse;
N'i a chelui qui le connoisse
Fors que Lunete seulement,
Qui le convoia longuement.
Lunete seule le convoie
Et il li prie toutevoie

100c.4633
Que ja par lui ne soit seü
Quel champion ele a eü.
" Sire, fait ele, non iert il. "

Aprés chou li reproia il
Que de lui li resouvenist,
Que vers la dame li tenist
Boin lieu, si l'en venoit en aise.
Ele li prie qu'il s'en taise,
Que ja n'en iert jour prerecheuse,
Ains en iert mout ensienteuse;
Et chil l'en merchie chent fois.
Si s'en va pensis et destrois
Pour son leon, qu'i li estuet
Porter, que sievir ne le puet.
En son escu li fait litiere
De le mousse, de le feuchiere;
Quant il l'ot faite si, la couche,
Au plus souef qu'il puet le couche,
Si l'enporte tout estendu
Dedens l'envers de son escu.
...*
Tant que il vient devant le porte
D'une maison mout fort et bele;
Fremee le treuve, s'apele,
Et li portiers ouverte l'a
Si tost c'onques y apela
.I. mot aprés le premerain.
A le resne li tent sa main,
Si li dist: " Biau sire, or avant!
L'ostel monseignor vous present,
Se il vous plaist a chi descendre.
- Chest present, fait il, veul je prendre,

100d.4665
Car j'en ai mout tres grant mestier
Et si est tans de herbegier. "
Atant a la porte passee
Et vit la maisnie amassee,
Et tuit a l'encontre lui vont;
Salué et descendu l'ont,
Si li metent seur .i. perron
Son escu atout son leon
Et li autre ont son cheval pris,
Si l'ont en une estaule mis,
Et li autre, si conme il doivent,
Ses armes prennent et rechoivent.

Et li sires la nouvele ot;
Tout maintenant que il le sot,
Vient en la court, si le salue,
Et le dame est aprés venue
Et si fil et ses filles toutes,
Et d'autres gens y ot grans routes;
Sel herbegerent a grant joie.
Mis l'ont en une cambre coie
Pour che que malade le truevent,
Et de che mout bien se repreuvent
Que son lion avec lui metent;
Et de lui garir s'entremetent
Deus pucheles qui mout savoient
De surgie et si estoient
Filles au seigneur de laiens.
Jourz il sejourna ne sai quanz,
Feste li font petis et granz,
Tant que il et sen leon furent
Gari et que raler s'en durent.

101a.4695
Mais dedens chou fu avenu
Que a la mort ot plait tenu
Li sires de la noire espine;
Si prinst a li tele aatine
La mors, que morir le couvint.
Aprés la mort, ainsi avint
De deuz filles que il avoit
Que l'ainsnee dit qu'ele aroit
Trestoute le tere a delivre
Tous les jourz qu'ele aroit a vivre,
Que ja sa seur n'i partiroit.
Et l'autre dit que ele iroit
A le court le roy Artur, querre
Aÿe a desrainnier sa tere.
Et quant l'autre vit que sa suer
Ne li soufferroit a nul fuer
Toute la tere sans tenchon,
S'en fu en mout grant enfrichon
Et pensa que, s'ele pooit,
Anchois de lui a court venroit.
Atant s'appareille et atourne;
Ne demeure ne ne sejourne,

Ains erra tant qu'ele a court vint.
Et l'autre aprés sa voie tint
Et quanqu'ele peut se hasta;
Mais sa voie et ses pas gasta,
Que la premiere avoit ja fait
A monseigneur Gauvain son plait
Et il li avoit otroié
Che qu'ele li avoit proié.
Mais tel couvent entr'euz avoit

101b.4726
Que se nus par li le savoit,
Ja puis ne s'armeroit pour lui;
Et ele l'otroia ainsi.
Atant vient l'autre seur a court,
Afulee d'un mantel court
D'escarlate et de frois ermine;
S'avoit tierz jour que la roïne
Iert de la prison revenue
Ou Melagans l'avoit tenue
Et trestuit li autre prison,
Et Lancheloz par traïson
Estoit remis dedens la tour.
Et en chelui meïsmes jour
Que a la court vint la puchele,
Y fu venue la nouvele
Du jaiant cruel et felon
Que li chevaliers au leon
Avoit en bataille tué.
De par lui orent salué
Monseignor Gauvain si neveu.
Le grant serviche et le grant preu
Que il lor avoit pour lui faite
Li a sa nieche toute retraite,
Et dit que bien le connissoit,
Sil* ne savoit qui il estoit.
Cheste parole a entendue
Cheste parole a enntendue*
Chele qui mout iert esperdue
Et trespensee et esbahie,
Que nul conseil ne nule aïe
A le court trouver ne quidoit

101c.4756
Quant tous li mieudres li faloit;
Qu'il'* avoit en mainte maniere,
Et par amor et par proiere,
Ensayé monseignor Gauvain,
Et il dist: " Amie, en vain
Em proiés, quar je nel puis faire,
Car j'ai empris un autre afaire
Que je ne laisserroie pas. "
Et la puchele isnel le pas
S'en part et vient devant le roy.
" Rois, fait ele, je vieng a toi
Et a ta court querre conseil;
N'en truis point, mout m'en merveil
Quant je conseil n'i puis avoir.
Mais ne feroie pas savoir
Se je sans congié m'en aloye.
Et sache ma seur toutevoie
C'avoir porroit ele du mien
Par amour, s'ele en voloit rien,
Que ja par forche, que je puisse,
Et que conseil aye ne truise,
Ne li lairai mon hiretage.
- Vous dites, fait li rois, que sage
Et, dementres que ele est chi,
Je li conseil et lo et pri
Qu'ele vous laist vostre droiture. "
Et chele qui estoit seüre
Du meilleur chevalier du monde
Respont: " Sire, Dix me confonde
Se ja de ma tere li part
Chastel, ne vile, ne essart,

101d.4787
Ne bois, ne tere, n'autre chose.
Mais se nus chevaliers s'en ose
Pour li armer, ques que il soit,
Qui veulle desraisnier son droit,
Si viengne trestout maintenant.
- Ne li offrés mie avenant,
Fait li rois, que plus y estuet
S'ele mix pourcachier se puet,
Au mains jusqu'a .xl. jours,

Au jugement de toutes cours. "
Et chele dit lués: " Sire rois,
Vous poés establir vos lois
Tels con vous plaist et boin vous iert,
N'a moi n'apent n'a moi n'affiert
Que je desdire vous en doye;
Si me couvient que je rechoive
Le respit s'ele le requeut. "
Et chele dit qu'ele le veut
Et mout desire et demande.
Tantost le roy a Dieu conmande,
Si s'est de le court departie;
Si pense qu'en toute sa vie
Ne finera par toutes* terre
Du chevalier au leon querre,
Et*met sa paine en conseillier
Cheles qui d'aÿe ont mestier.
Ainsi est en la queste entree
Et trespassa mainte contree
C'onques nouveles n'en aprinst,
Dont tel duel ot que mal l'en prinst.
Mais de che mout bien li avint

102a.4816
Que chiés un sien acointe vint
Ou ele estoit amee mout;
Si perchurent bien a son vout
Que ele n'estoit mie saine.
A li retenir mirent paine
Tant que son afaire lor dist,
Et une autre puchele emprist
La voie qu'ele avoit emprise:
Pour li s'est en la queste mise.
Ainsi remest chele a sejour,
Et chele erra le long du jour,
Toute seule grant ambleüre,
Tant que le nuit li vint obscure.
Si li anuia mout la nuis,
Et de che doubla li anuis
Qu'il plouvoit a si grant desrois
Con Damedix avoit de quoi,
Et fu el bois mout en parfont.
Et la nuis et li bos li font

Grant anuy, mais plus li anuie
Que li bos, ne la nuis, la pluie.
Et li chemins estoit si maus
Que souvent estoit ses chevaus
Jusques pres des chengles en tai;
Si pooit estre en grant esmai
Puchele seule, sans conduit,
Par mal tans et par male nuit,
Si noire qu'ele ne veoit
Le cheval sor quoi se seoit.
Et pour che reclamoit adés
Dieu avant, et se mere aprés,

102b.4847
Et puis tous sains et toutes saintes;
Et fist la nuit orisons maintes,
Que Dix a hostel l'amenast
Et hors de chel bos le getast.
Si proia tant qu'ele oÿ
Un cor, dont mout se resjoÿ;
Et la cuide ele qu'ele truise
Hostel, mais que venir y puisse;
Si s'est vers la vois esdrechie
Tant qu'ele entre en une chaucie,
Et la chaucie droit le maine
Vers le vois dont ele ot l'alaine,
Que par trois fois mout clerement
Sonna li cors mout hautement.
Et ele erra droite la voie
Et se hasta tant toutevoie
Et si s'adrecha vers la vois
Tant qu'ele vint a une crois
Qui iert seur le chaucie a destre;
Yleuc pensa que pooit estre
Li cors et chil qui l'ont sonné.
Chele part a esperonné
Tant qu'ele aprocha vers un pont
Et vit d'un chastelet reont
Les murs blans et le barbicane.
Ainsi par aventure assenne
Au chastel, si s'i adrecha,
La vois du cors li amena.
Le vois du cor l'i a atraite,

Et la avoit il une gaite
Qui sor les murs montee estoit;

102c.4876
Tantost con la gaite la voit,
Si la salue et descent,
Et la clef de le porte prent,
Si li oevre et dit: " Bien veigniés,
Puchele, qui que vous soiés,
Car anuit arés boin ostel.
- Je ne demande huis mais el ",
Fait la puchele; et il l'en maine.
Aprés le travail et le paine
Que ele avoit le jour eü,
Li est d'ostel mout bien cheü,
Car mout y est bien aaisie.
Aprés mengier l'a araisnie
Ses hostes, et si li enquiert
Ou ele va et qu'ele quiert.
Et chele li respont adonques:
" Je quier che que je ne vi onques,
Mien ensient, ne ne connuy,
Mais un leon a avec lui
Et on m'a dit, se je le truis,
Que en li mout fier me puis.
- Je, fait, il tesmoing autretel
L'en port, qu'a men anemi mortel
Me venga, dont si lié me fist,
Et tout veant mes iex l'ochist.
A chele porte la dehors
Demain porrés veoir le cors
D'un grant jaiant que il tua
Si tost que gaires n'i sua.
- Pour Dieu, sire, fait le puchele,
Car m'en dites voire nouvele

102d.4911
Se vous savés ou il tourna
Et s'il en nul lieu sejourna!
- Je non, fait il, se Dix me voie!
Mais bien vous menrai a la voie,
Demain, par ou il s'en ala.
- Et Dix, fait ele, me maint la

Ou je vraie nouvele en oye!
Car se jel truis, mout arai joie. "
Ainsi mout longuement parlerent
Tant qu'en la fin couchier alerent.
Quant vint que l'aube fu crevee,
La damoisele fu levee,
Qui en mout grant pourpens estoit
De trouver che qu'ele queroit.
Et li sires de la maison
Se lieve et tout si conpagnon;
Si le metent en droit chemin,
Vers le fontaine sous le pin.
Et ele de l'errer s'esploite
Vers le chastel la voie droite,
Tant qu'ele vint et demanda
As premiers gens qu'ele trouva
S'i li savoient enseignier
Le leon et le chevalier
Qui entraconpagnié s'estoient.
Et chil dient qu'il li avoient
Veü trois chevaliers conquerre
Droit en chele pieche de tere.
Et chele dist isnel le pas:
" Pour Dieu, ne me chelés vous pas,
Puis que vous tant dit m'en avés,

103a.4942
Se vous plus dire m'en savés.
- Nenil, font il, nous n'en savons
Fors tant con dit vous en avons;
Nous ne savons que il devint.
Se chele pour qui il cha vint
Nouveles ne vous en ensengne,
N'iert chi qui ja vous en aprengne,
Et, se a li volés parler,
Ne vous estuet pas loins aler,
Qu'ele est alee Dieu proier
Et messe oïr en chel moustier,
Et s'i a ja tant demouré
Qu'assés y puet avoir ouré. "
Quoique il parloient ainsi,
Lunete du moustier issi;
Si li dïent: " Veez le la. "

Et chele encontre li ala.
Si se sont entresaluees;
Tantost a chele demandees
Les nouveles qu'ele queroit.
Et l'autre dit qu'ele feroit
Un sien paleffroy enseler,
Car avec li vaurroit aler,
Si l'amerroit vers un plaissié
La ou ele l'avoit laissié.
Et chele de cuer l'en merchie.
Li paleffrois ne tarda mie,
On li amaine et ele monte.
Lunete, chevauchant, li conte
Conment ele fu accusee
Et de traïson apelee

103b.4973
Et conment la res fu esprise
Ou ele devoit estre mise,
Et conment il li vint aidier
Quant ele en ot plus grant mestier.
Ainsi parlant la convoia
Tant qu'el droit chemin l'avoia
Ou mesire Yvains l'ot laissie.
Quant vit qu'ele l'ot convoïe,
Si li dist: " Chest chemin tendrois
Tant que en aucun lieu vendrois
Ou nouvele vous en iert dite,
Se Dix plaist et Sainte Esperite,
Plus voire que je ne le sai.
Bien m'en souvient que jel laissai
Ou pres de chi ou chi meïsme;
Mais je ne sai qu'il a puis fait,
Que grant mestier eüst d'entrait
Quant il se departi de moi.
Par chi aprés lui vous envoi
Et Dix le vous doinst trouver sain,
S'i li plaist, ains hui que demain!
Or alés, a Dieu vous conmant,
Que je ne vous sieurrai avant,
Que ma dame a moi ne s'iraisse. "
Maintenant l'une l'autre laisse:
Chele retourne et chele en va,

Seule, tant que ele trouva
Le maison ou mesire Yvains
Ot esté tant que tous fu sains.
Et vit devant le porte gens:
Chevaliers, dames et sergens,

103c.5005
Et le seigneur de la maison.
Si salue et met a raison,
Se il sevent, qu'il li aprengnent
Nouveles et qu'il li ensaignent
Un chevalier que ele quiert.
- Qui est? font il. - Chil qui ja n'iert
Sans un leon, che oï dire.
- Par foi, puchele, fait li sire,
Il parti orendroit de nous;
Encore anquit l'ataindrés vous
Se les esclos savés garder,
Mais gardés vous de trop tarder.
- Sire, fait ele, Dix m'en gart!
Mais or me dites par quel part
Je le sieurrai. "Et il li dïent:
" Par chi, tout droit ". Et si li prïent
Qu'ele, de par eux, le salut;
Mais che gaires ne lor valut,
Qu'ele onques ne s'en entremist.
Mais leus es grans galos se mist,
Que l'ambleüre li sambloit
Trop petite estre, et si ambloit
Ses paleffrois a grant eslais.
Ainsi galope par le tais
Et par le voie ygal et plaine,
Tant qu'ele voit cheli qui maine
Le leon en sa compagnie.
Lors s'avoie et dist: " Dix, aÿe!
Or voi che que tant ai cachié!
Mout ai bien sievi et trachié.
Mais se je sieuch et je n'atains,

103d.5036
Que me vaurra se ne le prens?
Poy ou noiant, voire, par foi.
Se je ne l'enmain avoec moi,

Dont ai je me paine gastee. "
Ainsi parlant s'est tant hastee
Que tous ses paleffrois tressue;
Si l'ataint et si le salue,
Et chil li respont aussi tost:
" Dix vous gart, bele, et si vous ost
De vilenie et de pesanche!
- Et vous, sire, ou j'ai esperanche,
Que bien m'en porriés oster! "
Lors se va vers li acoster
Et dit: " Sire, mout vous ai quis.
Li grans renons de vostre pris
M'a mout fait aprés vous lasser
Et mainte contree passer.
Tant vous ai quis, la Dix merchi,
C'a vous sui assamblee chi;
Et se nul mal je y ai trait,
De riens nule ne m'en dehait,
Ne ne m'en plaing, ne ne m'en membre.
Tuit m'en sont alegié li membre,
Que la dolours m'en fu emblee
Tantost c'a vous fui assamblee.
Si n'est pas la besoigne moie:
Mixdre de moi a vous m'envoie,
Plus gentix fenme et mix vaillans.
Mais se ele a vous est faillans,
Dont l'a vostre renon traïe,
Qu'ele n'atent d'aillours aÿe.

104a.5067
Par vous quide la damoisele
Toute desraisnier la querele,
C'une sieue seur desirete:
Ne veut c'autres s'en entremete.
Et ne li puet faire quidier
Que autres li peüst aidier.
La morra* la desiretee,
Anchois conquise et achatee
Et creü vostre vasselage.
Par desrainier son hiretage,

104b.5079
Ele meïsmes vous queroit,

Pour le bien qu'en vous esperoit,
Ne ja autre n'i fust venue
S'uns maus ne l'eüst retenue,
Tex qui par forche au lit l'en traist.
Or m'en respondés, s'i vous plaist,
Se vous venir y oserés
Ou se vous vous reposerés.
- Nenil, fait il, de reposer
Ne se puet nus hom aloser,

104c.5089
Ne je ne reposerai mie,
Ains vous sieurrai, ma douche amie,
Volentiers la ou vous plaira.
Et se de moi grant afaire a
Chele pour qui vous me querés,
Ja ne vous en desesperés
Que je tout mon pooir n'en faiche.
Or me doinst Dix et cuer et forche*
Que je, par sa boine aventure,
Puisse desraisnier sa droiture! "
Ainsi entr'aus .ii. chevaucherent
Parlant, tant que il aprochierent
Le chastel de Pesme Aventure.
De passer outre n'orent cure
Et li jours aloit declinant.
El chastel vienent cheminant,
Et les gens qui venir les voient
Trestuit au chevalier disoient:
" Mal veigniés, sire, mal vegniez!
Chest hostel vous est enseigniez
Pour mal et pour honte endurer:
Che porroit unz albés jurer!
- Hez! fait il, gent fole, vilaine,
...*
Et qui a tous biens a fali,
Pour quoi m'avés si assali?
- Pour quoi ? Vous le sarés assés
S'encore un poi avant alés!
Mais ja riens nule n'en sarés
Jusques tant que esté arés
Amont en chele fortereche. "
Tantost mesire Yvains s'adreche

104d.5121
Vers le tour, et les gens s'escrïent;
Trestuit a haute vois li crïent:
" Hu ! hu ! Maleüreus, ou vas?
S'onques en ta vie trouvas
Qui te feïst honte ne lait,
La ou tu vas t'en iert tant fait
Que ja par toi n'iert reconté.
- Gens sans honneur et sans bonté,
Fait mesire Yvain, qui escoute,
Gent maleüree et estoute,
Pour quoi m'assaus? Por quoi m'aquels?
Que me demandes? Que me veus,
Qui si aprés moi te degretes?
- Amis, de noient te coureches,
Fist une dame auques d'aage
Qui mout estoit courtoise et sage,
Que chertes pour mal nel* te dïent
Nule chose, anchois te chastïent,
Se tu le savoies entendre,
Que lassus n'ailles ostel prendre;
Ne le pourquoi dire ne t'osent,
Mais il te chastient et chosent
Pour che que esmaier te veulent;
Et a chascun faire le seulent,
Autel atour, as sourvenans,
Pour che que il n'aillent laians.
Et la coustume est cha hors tiex
Que nous n'osons en nos hostix
Herbegier, pour riens qui aviengne,
Nul prodonme qui de hors viengne.
Or est seur toi des ore plus,

105a.5152
La voie ne te deffens plus:
Se tu veus, lassus monteras;
Mais, par men los, retourneras.
- Dame, fait il, se je creoie
Vostre conseil, je cuideroie
Que je eüsse honneur perdu;
Mais je ne savoie en quel leu
Je trouvaisse hostel anuit mais.

- Par foi, fait ele, et je m'en tais,
C'a moi riens nule n'en affiert.
Alés quel part que boin vous iert.
Et nepourquant grant joie aroie
Se je de layens vous veoie
Sans trop grant honte revenir,
Mais che ne porroit avenir.
- Dame, fait il, Dix le vous mire!
Mais mes faus cuers laiens me tire,
Si ferai che que mes cuers ...* "
Tantost vers le porte s'aqueut,
Et ses leons et sa puchele;
Et li portiers a lui l'apele,
Si li dist: " Venés tost, venés,
En tel lieu estes assenés
Ou vous scrés bien retenus,
Et mal y soiez vous venus. "
Ainsi li portiers le semont
Et haste de venir amont,
Mais mout li fait laide semonse.
Et mesire Yvains, sans response,
Par devant li s'en passe et troeve
Une grant sale haute et noeve;

105b.5183
S'avoit devant un prael clos
De pex de chaisne agus et gros.
Et par entre les peus laiens
Voit pucheles jusqu'a trois chens
Qui dyverses oevres faisoient:
De fil d'or et de soie ouvroient
Chascune au mix qu'ele savoit;
Mais tel poverté y avoit
Que desliees et deschaintes
En y ot de poverté maintes;
Et les mameles et les keutes
Paroient par leur cotes routes,
Et les chemises as cols sales.
Les cols grelles et les vis pales
De fain et de mesaise avoient.
Il les voit et eles le voient,
Si s'enbronchent toutes et pleurent;
Et une grant pieche demeurent,

Qu'eles n'entendent a riens faire,
Ne lors iex ne püent retraire
De tere, tant sont acourees.
Quant un poi les ot regardees
Mesire Yvains, si s'en trestourne,
Droit vers le porte s'en retourne;
Et li portiers contre lui saut,
Si li escrie: " Ne vous vaut,
Que vous n'en istrés or, biau mestre.
Vous vaurriez or la hors estre,
Mais, par mon chief, riens ne vous monte,
Ains arés eü tant de honte
Que vous plus n'en porrés avoir;

105c.5214
On le vous fera ja savoir*.
Si n'avés mie fait savoir
Quant vous estes venus chaiens,
Car de l'issir est il noient.
- Ne je ne quier, fait il, biau frere.
Mais di moi, par l'ame ton pere,
Damoiseles que j'ai veües
En chel prael, dont sont venuez,
Qui dras de soie et d'offrois tissent?
Oevres font qui mout m'abelissent,
Mais che me desabelist mout
Qu'eles sont de cors et de voult
Maigres et pales et dolentes.
Si m'est vis que beles et gentes
Fussent mout se eles eüssent
Teles choses qui lor pleüssent.
- Jou, fait il, ne vous dirai mie.
Querés autrui qui le vous die.
- Si ferai je, quant mais n'en puis. "
Lors quiert tant que il treuve l'uis
Del prael ou les damoiseles
Ouvroient; et vint devant eles,
Si les salue ensamble toutes;
Et si lor voit cheoir les goutes
Des larmes qui lor decouroient
Des iex si conme eles plouroient.
Adont dist il: " Dix, s'i li plaist,
Chel doel qui ne sai dont vous naist

Vous ost des cuers et tourt a joie. "
L'une respont: " Dix vous en oye,
Que vous en avés apelé!

105d.5244
Il ne vous iert mie chelé
Qui nous sonmes et de quel terre,
Espoir che volés vous enquerre.
- Pour el, dist il, ne vin je cha.
Sire, il avint mout grant pieche a
Que li rois de l'Ille as pucheles
Aloit pour aprendre nouveles
Par les cours et par le païs.
S'ala tant conme faus naïs
Qu'il s'enbati en chest peril.
En mal eür y venist il,
Que nous chetives, qui chi sonmes,
Le honte et le duel en avonmes,
Que onques ne deserveïsmes.
Et bien saichiés que vous meïsmes
Y poés mout grant honte atendre
Se raenchon n'en veut em prendre.
Mais toutevoies ainsi avint
Que mes sires* en chest chastel vint
Ou il a .ii. fix de dyable;
Che ne tenés vous mie a fable,
Que de fenme vraiement furent.
Ychil dui combatre se duirent
Au roy, dont doleurs fu mout grans,
Qu'il n'avoit pas .xviii. ans;
Si le peüssent tout pourfendre
Aussi conme .i. anelet tendre.
Et li roys, qui grant paour ot,
Se delivra au mix qu'il pot;
Si jura qu'il envoieroit,
Chascun jour, tant con drois seroit,

106a.5275
Chaiens de ses pucheles trente;
Si fust quites par cheste rente;
Et fu juré au deviser
Que chest treüz devoit durer
Tant con li dui malfé duroient;

Et a chel jour que il seroient
Conquis ou tué en bataille,
Si fust quites de cheste taille
Et nous serions delivrees,
...*
Et a travail et a mesaise;
Janmais n'arons riens qu'il nous plaise.
Mais mout dis ore grant enfanche,
Qui parlai de la delivranche,
Que janmais de chaiens n'istrons;
Tousjours mais de soie ouverrons,
Ne ja ne serons mix vestues;
Tousjours serons povres et nues,
Et tousjours fain et soif arons;
Ja tant gaaignier ne sarons
Que mix en ayons au mengier.
Du pain avons a grant dangier,
Petit au main et au soir mains,
Que ja de l'oevre de ses mains
N'ara chascune pour lui vivre
Que .iiii. deniers de la livre;
Et de che ne porrons nous pas
Assés avoir viande et dras,
Car qui gaaigne la semaine
Vint sols n'est mie hors de paine.
Et bien sachiés vous a estours
Que il n'i a chele de nous

106b.5307
Qu'il ne gaaigne .xx. sols ou plus.
De che seroit riches uns dus!
Et nous sonmes en grant poverte,
S'est riches de nostre deserte
Chil pour qui nous nous traveillons.
Des nuis grant partie veillons
Et les jours tous pour gaagnier,
Qu'il nous manache a mehaignier
Des menbres quant nous reposons;
Et pour che reposer n'osons.
Mais que vous yroie contant?
De mal et de honte avons tant
Que le quint ne vous en sai dire.
Mais che nous fait esragier d'ire

136

Que mout souvent morir veonmes
Chevaliers armés et prodonmes,
Qui as deuz malfés se conbatent;
L'ostel trop chierement achatent,
Aussi con vous ferés demain,
Que trestout seul, de vostre main,
Vous couverra, veulliés ou non,
Combatre et perdre vostre non
Encontre les deuz vis dyables.
- Et Dix, li vrais esperitables,
Fait mesire Yvains, m'en deffende
Et vous honneurt et joie rende,
Se il a volenté li vient!
Desormais aler m'en couvient
Veïr ches gens qui laiens sont,
Savoir quel chiere il me feront.
- Or alés, sire, chil vous gart

106c.5338
Qui tous les biens donne et depart! "
Lors va tant qu'i vient en la sale;
N'i treuve gent boine ne male
Qui de riens les meche a raison.
Tant trespassent de la maison
Que il vinrent en un vergier;
Ains de lors chevax herbegier
Ne tinrent plait ne ne parlerent.
Et sachiés bien les establerent
Chil qui l'un en quident avoir.
Ne sai s'il cuidoient le voir:
Encor est leur seigneur tout sain!
Li cheval ont avaine et fain
...*
Mesire Yvains el vergier entre
Et aprés lui toute sa route;
Apuyé voit deseur son coute
Un prodonme qui se gesoit
Seur .i. drap de soie; et lisoit
Une puchele devant li
En un ronmans, ne sai de cui.
Et pour le ronmans escouter
S'i estoit venue acouter
Une dame, et estoit sa mere;

137

Et li prodons estoit sen pere.
Et se pooient esjoïr
Mout de li veoir et oïr,
Car il n'avoient plus d'enfans;
Ne n'avoit pas .xvii. ans,
Et s'estoit si bele et si gente
Qu'en li servir meïst s'entente
Li dix d'Amours, s'i le veïst,

106d.5370
Ne ja amer ne la feïst
Autrui s'a lui meïsmes non.
Pour li servir devenist hom,
Si* issist de sa deÿté hors
Et ferist lui meïsmes el cors
Du dart dont le plaie ne sane
Se desloiaus mires n'i paine.
N'est drois que nus garir en puisse
Puis que desloiauté n'i truise;
Et qui en garist autrement,
Il n'aime mie loiaument.
De cheste plaie vous deïsse,
Jusques* a .i. mois fin ne preïsse
Se li escouter vous pleüst;
Mais tost deïst tel y eüst
Que je vous parlaisse d'uiseuses,
Que le gent n'est mais amoureuse
Ne n'aiment mais si con il deurent,
Que nis oïr parler n'en veulent.
Mais or oés en quel maniere,
A quel samblant et a quel chiere
Mesire Yvains fu herbegiés.
Contre lui salirent en piés
Tuit chil qui el vergier estoient;
Tout maintenant que il le voient,
Si li dïent: " Or cha, biau sire,
De quanques Dix puet faire et dire
Soiés vous benois clamés,
Et vous et quanques vous amés! "
Je ne sai se il le dechoivent,
Mais a grant joie le rechoivent

107a.5401

Et font samblant que il lor plaise
Que herbegiez soit a grant aise.
Et neïs la fille au seignor
Le sert et porte grant honor
Conme on doit faire son boin hoste:
Trestoutes ses armes li hostent*,
Et che ne fu mie du mains
Qu'ele meïsmes de ses mains
Li leve le col et le faiche;
Toute honnor veut que on li faiche
Li sires, si conme ele fait.
Chemise ridee li trait
Hors d'un coffre, et blanches braies,
Et fil et aguille a ses manches
Lachier, et bien tost s'en avanches*;
Puis li vest et ses bras li coust.
Or doinst Dix que trop ne li coust
Cheste losenge et chest serviche!
A vestir deseur sa chemise
Li a baillié un biau sercot
Et un mantel sans haligot,
Vair d'escarlate, au col li met.
De lui servir tant s'entremet
Qu'il en a honte et mout li poise;
Mais la puchele est si courtoise
Et tant franche et tant deboinaire
Qu'encor en quide ele poi faire.
Que bien set qu'a sa mere plaist
Que riens a faire ne li laist
Dont ele le cuit losengier.
La nuit fu servis au mengier

107b.5431
De mes tant que trop en y ot;
Li aportes* anuier pot
As sergens qui des mes servirent.
La nuit toutes honors li firent
Et mout a aise le couchierent;
N'onques puis a lui n'aprochierent
Que il fu en son lit couchiés.
Et ses leons vint a ses piés,
Si con il l'ot acoustumé.
Au main, quant Dix ot alumé,

Par le monde, son luminaire,
Si matin conme il le puet faire,
Qui tout fait par conmandement,
Se leva mout isnelement
Mesire Yvain et la puchele;
S'oïrent a une chapele
Messe qui mout tost lor fu dite
En l'onor de Saint Esperite.
Mesire Yvains aprés la messes*
Pour les nouveles felenesses,
Quant il cuida qu'il s'en deüst
Aler, que riens ne li neüst;
Mais ne pot mie estre a son cois.
Quant il dist: " Sire, je m'en vois,
S'i vous plaist, a vostre congié.
- Amis, encor ne vous doing gié,
Fait li sires de la maison.
Je ne puis faire par raison,
Qu'en chest chastel a establie
Une mout fiere diablie
Que il me couvient maintenir.

107c.5462
Je vous ferai ja chi venir
Deus grans sergans mout fiers et fors;
Encontr'el*, soit ou drois ou tors,
Y couvenrra vos armes prendre.
S'encontr'els vous poés deffendre
Et cel* andous vaintre et ocirre,
Ma fille a seignour vous desire,
Et de chest castel vous atent
L'onnours et quanqu'il y apent.
- Sire, fait il, je n'en quier point.
Ja Diex ainsi ne la me doinst,
Et vostre fille vous remaigne,
Ou l'emperere d'Alemaigne
Seroit bien saus s'il l'avoit prinse
...*
- ...*
De noient vous voi escondire,
Que vous n'en poés escaper.
Mon castel et ma fille a per
Doit avoir, et toute ma tere,

Qui andous les porra conquerre
Qui ja vous vendront assalir.
La bataille ne puet faillir
Ne remanoir en nule guise.
Mais je sai bien que couardise
Vous fait ma fille refuser,
Qui si vous cuidiés escuser
Outreement de la bataille;
Mais che sachiés vous bien, sans faille,
Que conbatre vous i estuet.
Pour riens escaper ne s'en puet
Nus chevaliers qui cheens gise.
Cheste coustume est rente assise,

107d.5495
Que trop avra longue duree,
Que ma fille n'iert marie*
Tant que conquis andous les voie.
- ...*
Conbatre, maloit gré mien;
Mais je m'en souffrisse mout bien
Et volentiers, ce vous otroi.
La bataille, ce poise moi,
Ferai quant ne puet remanoir. "
Atant vienent, chis ...* et noir,
Andui li dui filz a nuitun.
Si n'i a celui qui n'ait un
Baston cornu de cornillier
Qu'il avoit fait encorniller
De celure* et puis lier d'arcal.
Des les espaulles contreval
Furent armés jusqu'a genous,
Mes les chiés orent et les volz
Desarmés et les jambes nues,
Qui n'estoient mie menues.
Et ainsi armé con il vindrent,
Escus reons sur les chiés tindrent,
Fors et legiers pour escremir.
Li lions conmenche a fremir
Tout maintenant que il les voit,
Qu'il set mout bien et aperchoit
Que a ches armes que il tiennent
Conbatre a son seignour se vienent;

Si se heriche et creste ensemble,
De hardement et d'ire tramble
Et bat la tere de sa coue,
Qu'il a talent que il rescoue

107a.5527
Son seignour ains que il l'ochient.
Et quant chil le voient, si dïent:
" Vassaus, ostés de ceste plache
Vostre leon, qui nous manache,
Ou vous vous clamés recreant;
Qu'autrement, je vous acreant,
Le vous couvient en tel lieu metre
Qu'il ne se puisse entremetre
De nous* aidier ne de vous* nuire.
Sols vous venés a nous deduire,
Que li leons vous aideroit
Mout volentiers se il pooit.
- Vous meïsmes, qui le doutés,
Fait mesire Yvains, l'en ostés,
Que mout me plaist et mout me siet,
S'il onques puet, que il vous griet,
Et mout me plaist se il m'aïe.
- Par foy, font il, or n'i a mie!
Faites le miex que vous porroiz,
Que ja aïe n'en aroiz.
Touz sols sans aïe d'autrui,
Solz i devés estre et nous dui.
Se li leons ert aveuc vous,
Pour tant qu'il se mesllast a nous,
Dont ne seriés vous pas sous,
Dui seriés contre nous dous.
Si vous couvient, jel vous afi,
Vostre leon oster de chi,
Mais bien vous poist tot orendroit.
- Ou volés vous, fait il, qu'il soit?
Ou volés vous que je le mete? "

108b.5558
Lors li moustrent une cambrete.
Il dïent: " Laiens le metés.
- Fait iert, des que vous le volés. "
Lors l'i maine et si l'i enserre.

Et on li va maintenant querre
Ses armes pour armer son cors;
Et son cheval li ont trait fors,
Si li baillent et il i monte.
Pour li laidir et faire honte
Li passent li dui campion,
Qu'asseüré son du leon,
Qui est dedens le cambre enclos.
Des maches li donnent grans cops,
Que petite aïe li fait
Escus ne hiames que il ait;
Car quant sor le hiame l'ataignent,
Trestout li enbuignent et fraignent,
Et li escus pechoie et font
Conme glache; tex cops i font
Que ses poins i puet on bouter.
Mout font andui a redouter.
Et il, que fait de dus maufés?
De honte et de crieme escaufés,
Se deffent de toute sa forche;
Mout s'esvertue et mout s'efforche
De donner grans cops et pesans.
Ne faillent pas a lors presens,
Qu'il orent lor bontés a double.
Or a son cuer dolent et trouble
Li leons, qui est en sa cambre,
Que de la grant bonté li menbre

108c.5589
Que cil li fist par sa franchise,
Que il avroit de son serviche
Et de s'aïe grant mestier;
Ja li rendroit a grant sestier
Et a grant muy ceste bonté;
Ja n'i aroit riens mesconté
S'il pooit issir de laiens.
Mout va reverchant de tous sens
Ne ne voit par ou il s'en aille.
Bien ot les cops de la bataille,
Qui perilleuse est et vilaine,
Et pour che si grant duel demaine
Qu'il esrage vis et forsenne.
Tant va reverchant qu'il assenne

Au soil, qui porrissoit pres tere;
Si grate tant qu'il s'i enserre
Et fiche jusque pres des rains.
Et ja estoit mesire Yvains
Mout traveilliés et mout suans,
Que mout trouvoit les .ii. truhans
Fors et felons et adurés.
Mout i avoit cops endurés
Et rendu, tant con il plus pot,
Ne de riens blechiés ne les ot,
Que trop savoient d'escremie;
Et lor escu n'estoient mie
Tel que riens en ostast espee,
Tant fust trenchans et afilee.
Pour che si se pooit mout fort
Mesire Yvains douter de mort;
Mes adés tant se contretint

108d.5620
Que li leons outre s'en vint,
Tant ot desous le soeil graté.
S'or ne sont li felon maté,
Donques ne le seront il mais;
Car au leon trive ne pais
N'aront il, tant que vis les sache.
L'un en aert et si le sache
A tere, ausi com un ploton.
Or sont effreé li glouton,
Mes n'a honme en toute la plache
Qui en son cuer joie n'en faiche.
Car chil ne relevera ja
Que li leons ateré a,
Se li autres ne li secourt;
Pour lui aidier, chele part court
Et pour lui meïsme deffendre,
Qu'a li s'alast li leons prendre
Lués qu'il aroit celui ochis
Que il avoit par tere mis.
Et si ravoit plus grant paour
Du leon que de son seignour.
Mes or est mesire Yvains fox,
Des qu'il li a tourné le dos
Et voit le col nu a delivre,

144

Se longuement le laisse vivre,
Car mout li est bien avenu.
La teste nue et le col nu
Li a li glous abandonné,
Et il li a tel cop donné
Que la teste du bus li ret,
Si souavet que mot n'en set.

109a.5651
Et maintenant a tere vient
Pour l'autre, que li leons tient,
Que rescourre et tolir li veut.
Mes pour noient, car tant se deut
Que mire a tans mais n'i ara;
Qu'en son venir si le navra
Li leons, qui si vint iriés,
Que laidement fu enpiriés.
Et toutevoies arrier le boute
Et voit que il li avoit toute
L'espaulle destre du bus traite.
Pour lui de riens ne se dehaite,
Que ses bastons li est cheüs.
Et cil gist pres conme ferus,
Qu'il ne se craulle ne ne muet;
Mais tant a que bien parller puet
Et dit, si conme il le puet dire:
" Ostés vostre leon, biau sire,
S'il vous plaist que plus ne m'adoist,
Que de desor faire vous loist
De moi tout quanques boin vous iert.
Cil qui merchi prie et requiert,
N'i doit faillir cil qui la rueve,
Se honme sans pitié ne trueve.
Et je ne me deffendrai plus,
Ne ja ne me releverai sus
De ci, pour che que mestier aie,
Si me met en vostre manaie.
- Di donc, fait il, que tu otroies
Que vaincus et recreant soies.
- Sire, fait il, ...* i pert bien:

109b.5682
Vaincus sui je, maloit gré mien,

145

Et recreans, jel vous otroi.
- Donques n'as tu garde de moi
Et mes leons te rasseüre. "
Tantost viennent grant aleüre
Toutes les gens environ lui;
Et li sires et la dame, il dui,
Si li font joie et si l'acolent
Et de lor fille l'aparolent,
Si li dïent: " Or serés vous
Damoisiax et sires de nous,
Et nostre fille iert vostre dame,
Car nous le vous donnons a fame.
- Et je, fait il, le vous redoing.
Qui l'a, si l'ait! Je n'en ai soing;
Si n'en di je riens pour desdaing:
Se vous plaist* se je ne la praing,
Que je ne puis ne je ne doi.
Mes, se vous plaist, delivrés moi
Les chaitives que vous avés;
Li termes est, bien le savés,
Qu'eles s'en doivent aler cuites.
- Voirs est, fait il, che que vous dites,
Et jes vous rent sans contredit,
Et trestoutes les vous aquit.
Mes prenés, si ferés savoir,
Ma fille et trestout mon avoir,
Qui est mout bele et gente et sage;
Jamais si riche mariage
N'avrés, se vous cestui n'avés.
- Sire, fait il, vous ne savés

109c.5713
Mon ensoigne ne mon afaire,
Ne je ne le vous os retraire.
Mais ce sachiés, quant je refus
Ce que ne refuseroit nus
Qui deüst son cuer ne s'entente
Metre en puchele bele et gente,
Que volentiers la receüsse
Se je peüsse ne deüsse.
Chesti ne autre rechevoir
Je ne puis, ce sachiés de voir.
Si m'en laissiés em pais atant,

Que la damoisele m'atant
Qui aveuc moi est cha venue;
Compaignie m'i a tenue
Et je la revoil li tenir,
Que qu'il m'en doie avenir.
- Volés, biau sire? Et vos, conmant?
Jamais, se jel ne vous conmant
Et mes consax ne le m'aporte,
...*
Ainz remandrés en ma prison.
Orgueil faites et mesprison
Quant je vous pri que vous preigniés
Ma fille et vous le dedaigniés.
- Desdaing, sire? Non fais, par m'ame,
Mais je ne puis espouser fame
Ne remanoir pour nule paine.
La damoisele qui m'enmaine
Si gur*, qu'autrement ne pue* estre.
Mes je vous jur, de ma main destre,
Et vous plevis, si m'en creés,
Que, si con vous or me veés,

109d.5745
Revendrai se je onques puis
Et prendrai vostre fille puis,
Quelque ore que bon vous iert.
- Dehais, fait il, qui vous en quiert
Ne foy ne plege ne creante!
Se ma fille vous atalente,
Vous revendrés hativement;
Ja pour foy ne pour serement,
Je cuit, ne vendriés plus tost.
Or alés, que je vous en ost
touz creantes et touz couvens.
...*
Ou vous volés, ne me caut il!
N'ai mie me fille si vil
Que ja par forche le vous doingne.
Or alés en vostre besoigne,
Que tout autant, se vous venés,
M'en est, con se vous remanés. "
Tantost mesire Yvains s'en tourne,
Que el castel plus ne sejourne,

Et s'en a devant lui menés
Les chaitives desprisonnés,
Que li sires li a baillies
Povres et mal appareillies;
Mais or sont riches, ce lor samble.
Fors du castel toutes emsamble,
Devant lui, .ii. et .ii. s'en issent;
Ne je ne cuit qu'eles feïssent
Tel joie com eles le font
De celui qui fist tout le mont,
S'il fust du chiel venus ent traire*.
Merci et pais li vont requerre

110a.5777
Toutes les gens qui dit li orent
Tant de honte com il plus porent;
Si le vont ainsi convoiant,
Et il dit qu'il n'en set noiant:
" Je ne sai, fait il, que vous dites,
Et si vous em claime je toz quites,
C'onques cose que je a mal tiegne
Ne deïstes, dont me souviegne. "
Chil sont mout lié de che qu'il ouent,
Et se courtoisie mout louent,
Si le conmandent a Dieu tuit
Quant grant piece l'orent conduit.
Et les damoiseles li ont
Congié demandé, si s'en vont.
Au partir toutes li enclinent,
Et si li orent et destinent
Que Diex li doinst joie et santé
Et venir a sa sauveté
En quelcumques lieu que il aut.
Et cil respont que Diex les saut,
Cui la demeure mout anuie:
" Alés, fait il, Diex vous conduie
En vos païs sauves et lies. "
Maintenant se sont avoïes;
Si s'en vont grant joie menant.
Et mesire Yvains maintenant
De l'autre part se rachemine.
D'esrer a grant esploit ne fine
Trestouz les jorz de la semaine,

Si con la puchele le maine,
Qui la voie mout bien savoit

110b.5808
Et le rechet, lou ele avoit
Laissie la desiretee,
Deshaitie et descomfortee.
Mes quant ele ot la nouvele
De la venue a la puchele
Et du Chevalier au leon,
Ne fu joie se cele non
Que ele en ot dedens son cuer;
Car or cuide ele que sa suer
De son eritaige li laist
Une partie, s'il li plaist.
Malade ot geü longuement
La puchele, et nouvelement
Estoit de son mal relevee,
Qui durement l'avoit grevee,
Si que bien parut a sa chiere.
A l'encontre, toute premiere,
Lor est alee sans demore;
Si les salue et les honore
De quanques ele sot ne puet.
De la joie parler n'estuet
Qui fu la nuit a l'ostel faite:
Ja parole n'en iert retraite,
Que trop i aroit a conter;
Tout vous trespas dusqu'au monter
De l'endemain qu'il s'en partirent.
Puis ont erré tant que il virent
Le chastel ou li roys Artus
Ot sejourné quinzaine ou plus.
Et la damoisele i estoit
Qui sa serour desiretoit,

110c.5839
Qu'ele avoit puis mout pres tenue
La court, s'atendoit la venue
Sa serour, qui vient et aproche.
Mais mout petit au cuer li toche,
Qu'ele ne cuide qu'ele truise
Nul chevalier qui souffrir puisse

Monseigneur Gaveyn en estour.
Ne il n'i avoit mais c'un jour
De la quarantaine a venir;
L'eritage sole a tenir
Est* desrainié quitement
Par raison et par jugement
Se cil sols jours fust trespassés.
Mais plus i a a faire assés
Qu'ele ne cuide ne ne croit.
En un hostel bas et estroit
Fors du chastel chele nuit jurent,
Ou nules gens nes reconnurent;
Car se il un* chastel jeüssent,
Toutes les gens les conneüssent,
Et de che n'avoient il soing.
...*
A l'ambe* apparissant s'en issent;
Si se reponnent et tapissent
Tant que li jours fu clers et grans.
Jors avoit passé ne sai quans
Que mesires Yvains* s'estoit
Destournés. si que ne savoit
A court de luy nule nouvele,
Fors que solement la puchele
Pour cui il se devoit conbatre.
Pres a trois liues ou a quatre

110d.5871
S'estoit de la court trestournés;
Et vint a court si atournés
Que reconnoistre ne le porent
Cil qui tozjours veü l'orent
As armes que il aporta.
La damoisele qui tort a
Vers sa serour trop en apert,
Voiant toz li* a cort offert,
Que par lui desrainier voldroit
La querele ou ele n'a droit;
Li dist au roy: " Sire, or passe,
Jusqu'a poi sera nonne basse,
Et li deesrains jours est hui.
Si veez bien conment je sui,
Garnie a mon droit maintenir.

Se ma suer deüst revenir,
N'i eüst mais que demourer.
Dieu en puisse je aourer,
Quant el ne vient ne ne repaire.
Bien i pert que miex ne puet faire,
Si s'est pour nient travillie
Et j'ai esté appareillie
Touz les jours dusqu'au deesrain
A desrainier che qui est mien.
Tout ai desrainié sans bataille,
S'est or mais drois que je me raille
En mon eritaige em pais,
Que je ne respondroie mais
A ma serour pour riens qui vive;
Si vivra dolente et caitive. "
Et li roys, qui mout bien savoit

111a.5902
Que la puchele tort avoit
Vers sa serour, trop desloial,
Li dist: " M'amie, en court royal
Doit on atendre, par ma foy,
Tant con la justiche le roy
Siet et atent pour droiturier.
N'i a rien de corjon ploier,
Qu'encor vendra, si con je pens,
Vostre serour trestout a tans. "
Ains que li roys eüst ce dit,
Le chevalier au leon vit
Et la puchele delés lui;
Sol a sol venoient il dui,
Car du leon emblé se furent,
Si fu remés la ou il jurent.
Li roys la puchele a veüe,
Si ne l'a pas deconneüe,
Et mout li plot et abeli
Quant il la voit, car devers li
De la querele se tenoit,
Por ce que au droit entendoit.
De la joie que il en ot
Li dist au plus tost que il pot:
" Or avant, bele! Dex vous saut!
Quant l'autre l'ot, toute en tressaut;

151

Ele trestourne, si la voit
Et le chevalier qu'ele avoit
Amené a son droit conquerre;
Si devint plus noire que terre.
Mout fu bel de tous appelee
La puchele; et ele est alee

111b.5935
Devant le roy et sa maisnie:
" Roys, s'or puet estre desrainie
Ma droiture ne ma querele
Par nul chevalier, dont l'iert ele
Par cestui, la soiie merchi,
Qu'amené ai desques ichi.
S'eüst il mout aillours a faire,
Li frans chevaliers deboinaires;
Mais de moi li prinst tes pités
Qu'il a arriere dos getés
Tous ses affaires pour le mien.
Or feroit courtoisie et bien
Ma dame, ma tres chiere suer,
Que j'ainme autant conme mon cuer,
S'ele de mon droit me laissoit
Tant qu'entre moi et li pais soit,
Que li ne demang riens du sien.
- Ne je ne veul, fait ele, du tien,
Que tu n'as riens ne ja n'aras.
Ja tant preechier ne saras
Que riens emportes pour preechier;
Toute em porras de duel sechier. "
Et l'autre respont maintenant,
Qui auques savoit d'avenant
Et mout estoit sage et courtoise:
" Certes, fait ele, mout m'en poise
Quant pour nous deus se combatront
Dui si prodome con cist sunt.
C'est la querele mout petite,
Mais je ne le puis clamer cuite,
Que trop grant mestier en aroie.

111c.5966
Pour ce plus boin gré vous saroie
Se vous me rendiés mon droit.

- Certes, qui or te repondroit,
Fait l'autre, mout seroit musarde.
Max fus et male flambe m'arde
Se iai* ie* doing dont miex te vives!
Anchois assambleront les rives
...*
Se la bataille nel te donne.
Diex et li droiz que je i ai,
En cui je me fi et fiai
Toz tans des qu'au jour qu'il est hui,
En soit en aïe a cestui
Que par pitié et par franchise
Se pouroffre de mon serviche,
Si ne set il cui je sui,
Ne ne me connoist ne je lui! "
Tant ont parlé qu'atant remaignent
Les paroles et si enmainent
Les chevaliers en mi la court.
Et toz li pueples aprés court,
Si com a tel afaire seulent
Courre les gens qui veoir veulent
Cops de bataille et d'escremie.
Mais ne s'entreconnoissent mie
Cil qui combatre se voloient,
Que mout entramer se soloient.
Et or donc ne s'entraiment il?
" Oïl ", vous respont et " nenil ",
Et l'un et l'autre prouverai
Si que raison i trouverai.
Pour voir mesire Gauvains aime

111d.5998
...*
Et Yvains lui, ou que il soit;
Des ici, se il le savoit,
Feroit il ja de luy grant feste;
Et si meteroit pour lui sa teste
Et cil la siue ausi pour lui,
Anchois qu'en li feïst anuy.
N'est ce Amors entiere et fine?
Oïl, certes. Et la Haïne,
Dont ne rest ele toute aperte?
Que ch'est cose toute a certes

Que li uns a l'autre sans doute
Voldroit avoir la gorge route,
Ou tant avoir fait en voldroit
De honte que pis en vaudroit.
Par foy, c'est merveille prouvee
Qu'en a en un vaissel trouvee
Amor et Haïne mortel.
Dex! Meïsmes en un ostel,
Conment puet estre li repaires
A choses qui si sont contraires?
En un ostel, si con moi samble,
Ne püent eles estre emsamble,
Que ne porroit pas avenir
L'une aveuc l'autre en un manir*,
Que noise et tenchon n'i eüst
Se l'une l'autre i seüst.
Mais en un cors a plusors menbres,
Que il i a loges et chambres;
Ainsi puet bien estre la cose:
Espoirs Amors s'estoit enclose
En aucune chambre celee,

112a.6030
Et Haïne s'en iert alee
Es loges par devers la voie
Pour che que on ne la voie.
Or est Haïne mout en coche,
Qu'ele esperonne et point et broche
Sor Amor quanque ele puet,
Et Amor onques ne se muet.
Ha! Amors, ou iés tu reposte?
Car t'en is, si verras quel hoste
Ont sor toi amené et mis
Li ennemi a tes amis;
Li ennemi sont cil meïsme
Qui s'entraiment d'amour saintime,
Qu'amours qui n'est fause ne fainte
Est precieuse chose et sainte.
Si est Amours avugle toute,
Et Haïne ne revoit goute;
Qu'Amours deffendre li deüst,
S'ele les requeneüst,
Que li uns l'autre l'*adesast

Ne feïst riens qui li pesast.
Pour che est Amours avoeglee
Et desconfite et desjuglee,
Et cels qui tout sont sien a droit
Ne reconnoist, et si les voit.
Et Haïne dire ne set
Pour quoi li uns d'ous l'autre het,
Se les veut faire meller a tort;
Si het li uns l'autre de mort.
N'aime pas, or poés savoir,
L'ome, qu'il vodroit avoir

112b.6061
Honi, qui de sa mort desire.
Conment velt dont Yvains occirre
Sonseigneur* Gauvain, son ami?
Soll*, et il lui autresi.
Si voldroit mesire Gauvains
Yvain occirre a ses mains
Ou faire pis que je ne di?
Nenil, jel vous jur et affi.
Li uns ne voldroit avoir fait
A l'autre ne honte ne lait,
Por quanques Diex a fait por honme
Ne pour tout l'empire de Roume.
Or ai je menti laidement,
Que l'en voit bien apertement
Que li uns velt envaïr l'autre,
Lanche levee sor le fautre;
Et li uns l'autre velt blecier
Et lui laidir et empirier,
Que ja de rien ne s'en faindra.
Or die: De qui se plaindra
Cil qui des cox ara le pis
Quant l'uns ara l'autre conquis?
Car s'il font tant qu'il s'entreveignent,
Grans paours est qu'il ne maintiegnent
Tant la bataille et la mellee
Qu'ele iert de l'une part outree.
Porra Yvains par raison dire,
Se la soie partie est pire,
Que il li ait fait lait ne honte
Qui entre ses amis le conte,

155

N'ainc ne l'apela par son non

112c.6092
Se ami et compaignon non?
Ou s'il ravient par aventure
Que cil li refaiche laidure
Ou de que que soit le sourvaint,
Avra il tort se il se plaint?
Nenil, qu'il ne savra de qui.
Entreslongié se sont andui
Por ce que il s'entreconnoissent.
A l'asambler les lances froissent,
Qui grosses ierent et de fraisne.
Li uns l'autre de riens n'arraisne,
Car s'il entrarrainié se fuissent,
Autre assamblee fait eüssent.
Ja n'eüst a lor assamblee
Feru ne lanche ni espee.
Entrebaisier et acoler
S'alaissent ains que afoler;
S'il s'entrafolent et mehaignent,
Les espees riens n'i gaaignent
Ne li hiame ne li escu,
Sont enbuignié et confundu;
Et des espees li trenchant
Engroignent ...* rebroschant.
Car il s'en donnent mout grans flas
Des trenchans, non mie des plas,
Et des poins redonnent tes cops
Sor les naseax et sor les clos
Et sor les frons et sor les joes
Que toutes sont perses et bloes,
La ou li sans chaoit desous.
Et les haubers ont si derous

112d.6123
Et les escus si depechiés
N'i a celui ne soit blechiés.
Et tant se painent et travaillent
A poi qu'alaincs ne lor faillent.
Si se conbatent une chaude
Que jagonce ne esmeraude
N'ont sor les hiames atachie

Ne soit muelu et esquachie;
Car des poins si grans cops se donnent
Sor les hiames que tuit s'estonnent
Et par poi qu'il ne s'eschervelent.
Li oeil des chiés lor estinchelent,
Qu'il ont les poins quarrés et gros,
Et fors les ners, et dur les os,
Si se donnent males grongnies
A ce qu'il tiennent enpoignies
Lors espees, qui grant aïe
Lor font quant il fierent a hie.
Quant grant pieche se sont lassé
Tant que li hiame sont quassé
Et li haubers tuit desmaillié,
Tant ont des espees maillié,
Et li escu fendu et frait,
Un poy se sont arriere trait,
Si laissent reposer lors vaines
Et si reprennent lors alaines.
Mais n'i font mie grant demore,
Ains court li uns a l'autre sore
Plus fierement qu'ainc mais ne firent,
Et tuit dïent que mais ne virent
Deus chevaliers plus coragous:

113a.6152
" Ne se combatent mie a gous,
Ainchois le font trestout a certes.
Les merites ne les desertes
Ne lor en seront ja rendues. "
Ces paroles ont entendues
Li dui ami qui s'entrafolent,
S'entendent bien que il parolent
Des dous serours entracorder,
Mais la pais ne püent trouver
Devers l'aisnee en nule guise.
Et la maisnee s'estoit mise
Sor che que li roys en diroit,
Et ja rien n'en contrediroit.
Mes l'aisnee est si entiere
Que nes la roïne Genievre
Et li chevalier et li roys,
Qui mout estoit frans et courtois,

Devers la maisnee se tiennent.
Et tuit le roy proyer en viennent
Que, maugré l'aisnee serour,
Doinst la tere a la menour,
La tierche partie ou la quarte,
Et les dous chevaliers departe,
Que trop sont de grant vasselaige
Et trop i aroit grant damage
Se li uns d'aus l'autre afoloit
Et point de s'onnour li toloit.
Et li roys dist que a la pais
Ne s'entremetra il jamais,
Que l'aisnee suer n'en a cure,
Tant par est male creature.

113b.6183
Toutes ces paroles oïrent
Li dui qui de caus s'entrenpirent,
Et qu'a tous est a grant merveille,
Et la bataille est si pareille
Que on ne set par nul avis
Qui ait le miels ne qui le pis.
Nes li dui qui se combatent,
Qui par martire honnour acatent,
S'esmerveillent et esbahissent
Que si par ingal s'envaïssent
Qu'a grant merveille a chascun vient
Qui est cil qui se contretient
Encontre lui si fierement.
Si se combatent longuement
Que li jours vers la nuit se trait;
Ne il n'i a celui qui n'ait
Le cors las et les bras dolans.
Que li sans touz chaus et boullans
Par mains leus par les cors leur boulent,
Que par desous les haubers coulent;
Ne n'est merveille s'il se veulent
Reposer, car forment se deulent.
N'ont plus de la bataille cure,
Et pour la nuit qui vient oscure
Et pour ce que mout s'entredoutent.
Ces dous coses en sus les boutent
Et semonnent qu'en pais s'estoissent;

Mais ainchois que du camp s'en voisent,
Se seront bien entracointié,
S'avra entr'els joie et pitié.
Mesire Yvains parla anchois,

113c.6220
Qui mout estoit preus et courtois;
Mais au parller nel reconnut
Ses boins amis, car ce li nut
Qu'il avoit la parole basse
Et la voiz et feble et quasse,
Car touz li sans li fu meüs
Des cops qu'il avoit receüs.
" Sire, fait il, la nuis aproche;
Ja ne cuit blasme ne reproche
N'en arons se nuiz nous depart.
Mais tant di de la moie part
Que mout vous dout et mout vous pris,
N'onques en ma vie n'enprins
Bataille dont tant me dosisse,
Ne chevalier qui tant vosisse
Connoistre ne cuidai veoir.
Bien savez vos cops asseoir
Et bien les savés emploiier.
Ainc ne soi tant de cops paiier
Chevalier que je queneüsse;
Ja, mien veul, tant ne receüsse
Com vous m'en avés hui presté.
Tout m'ont vostre cop entesté.
- Par foy, fait mesire Gauvains,
N'estes si estonnés ne vains
Que je autant ou plus ne soie;
Et se je vous requenissoie,
Espoir ne vous greveroit rien.
Se je vous ai presté du mien,
Bien m'en avés rendu le conte,
Et du chatel et de la monte,

113d.6253
Que larges estiés du rendre
Plus que je n'estoie du prendre.
Mes conment que la cose praigne,
Quant vous plaist que je vous apraigne

159

Par quel non je sui appelez,
Ja mes nons ne vous iert celés:
Gauvains ai non, fil le roy Lot. "
Tantost con mesire Yvains l'ot,
Si s'esbahist et espert toz.
Par mautalens et par couroz
Flatist a la tere s'espee,
Que toute estoit ensanglantee,
Et son escu tout depechié;
Si descent du cheval a pié
Et dist: " A, las! Quel mesqueance!
Par trop laide mesconissance
Ceste bataille fait avoumes,
Que entreconneü ne nous sonmes;
Que ja, se je vous queneüsse,
A vous combatus ne me fuisse,
Ains me clamaisse recreant
Devant le cop, jel vous creant.
- Conment, fait mesire Gauvains,
Qui estes vous? - Je sui Yvains,
Qui plus vous aim con hom du monde,
Tant con il dure a la reonde;
Que vous m'avés amé tozjorz
Et honneré en toutes corz.
Mais je vous veul de cest afaire
Tel amende et tel honnour faire
Que outreement outré m'otroi.

114a.6284
- Iche feriés vous pour moy? "
Fait mesire Gauvains li dols.
" Certes, trop seroie estols
Se je ceste amende en prenoie.
Ja certes ceste honnors n'iert moie,
Ains iert vostre, je la vous lais.
- Ha! biau sire nel dites mais!
Ice ne porroit avenir;
Je ne me puis mais soustenir,
Si sui atains et sourmenés.
- Certes, de naient vous penés,
Fait ses amis et ses compains.
Mes je sui comquis et atains,
Ne je n'en di riens por losenge,

Qu'il n'a el monde si estrange
Cui je autretant n'en deïsse,
Ainchois que plus des cops souffrisse. "
Ainssi parllant est descendus;
S'a li uns a l'autre tendus
Les bras as cops*, si s'entrebaisent,
Ne de ce mie ne se taissent
Que chascuns outré ne se claint.
La tenchons onques ne remaint
Tant que li roys et li baron
Viennent courant tout environ;
Se les voient encontrejoïr,
Si desirent mout a oïr
Que ce puet estre et qui chil sont
Qui si grant joie s'entrefont.
" Seignor, dist li roys, dites nous
Qui si a tost mis entre vous

114b.6315
Ceste amitié et ceste acorde,
Que tel haïne et tel descorde
I a hui toute jor eüe.
- Sire, ne vous iert pas teüe,
Fait mesire Gauvains, ses niés,
La meskeance et li meschiés
Dont ceste bataille a esté.
Des que chi estes arresté
Pour l'oïr et pour le savoir,
Bien iert qui vous en dira voir.
Sire, Gauvains vostre niés sui;
Mon conpaignon ne reconnui,
Monseigneur Yvain, qui est ci,
Tant que il, a soiie merchi,
Si con Dieu plaut, mon non m'enquist.
Li uns a l'autre son non dist;
Et lors si nous entrequenumes
Quant bien entrebatu nous fumes.
Bien nous sonmes entrebatu,
Et si* nous fusson combatu
Encor .i. poi plus longuement,
Il m'en alast trop malement,
Car, par mon chief, il m'eüst mort
Par sa prouesce et par le tort

Cele qui m'avoit en camp mis.
Mes miels veul je que mes amis
M'ait outré d'armes que tué. "
Lors a tout le sanc remué
Mesire Yvains, et si li dit:
" Sire conpains, se Dieu m'aït,
Trop avés grant tort de ce dire;

114c.6346
Mes bien saiche li roys, me sires,
Que je sui de cheste bataille
Outrés et recreans sans faille.
- Mes je. - Mes je ", fait cil et cil.
Tant sont andui franc et gentil
Que la victore et la couronne
Li uns a l'autre otroie et donne;
Ne cil ne cil ne la velt prendre,
Ains fait chascuns par force entendre
Au roy et a toutes les gens
Qu'il est outrés et recreans.
Mais li roys la tenchon depieche,
Quant oï les ot une piece;
Car li roys, mout ce li plaisoit
Et ce aveuc que il veoit
Qu'il s'estoient entracolé,
S'avoit li uns l'autre afolé
Et enpirié en pluseurs lex.
" Seigneur, fait il, entre vous dex
A grant amor, bien le moustrez
Que chascuns dit qu'il est outrés.
Mais or vous en metés sor moy
Et je l'amenderai, je croi,
Si bien que honnors vous sera
Et touz siecles m'en loera. "
Lors ont au roy acreanté
Que il feront sa volenté
Tout ainsi com il le dira.
Et li roys dit qu'il partira
A bien et a foy la querele.
" Ou est, fait il, la damoisele

114d.6377
Qui sa serour a fors boutee

De sa tere et desiretee
Par force et par male merci?
- Sire, fait ele, je sui ci.
La estes vous? Venés avant.
Bien le savoie, pieche a grant,
Que vous la desiretiés.
Ses drois ne sera plus laissiés.
Vous qui voliés avoir
Sa partie par estouvoir,
Vous couvient toute a clamer cuite.
- A! sire roys, se je ai dite
Une response niche et fole,
Ne me devés prendre a parole.
Pour Dieu, sire, ne me grevez!
Vous estes roys, si vous devés
Garder de tort et de mesprendre.
- Pour ce, fait li roys, veul je rendre
A vostre serour sa droiture,
Et je n'ai de tort faire cure.
Et vous avés bien entendu
Qu'en ma merci se sont rendu
Vostre chevalier et li siens;
Je ne dirai pas toz vos buens,
Que vostre tors est queneüs.
Chascuns dit qu'il est chancheüs,
Tant veut li uns l'autre honnerer.
A che n'ai je que demourer
Des que la cose est sor moi mise:
Ou vous ferés a ma devise
Tout quanque je deviserai

115a.6408
Outreement, ou je dirai
Que mes niés est d'armes conquis.
Lors si vaudroit a vo ués pis;
Mais je dirai contre mon cuer. "
Si nel deïst il a nul fuer,
Mais il le dist pour essaier
Se il le peüst esmaiier
Qu'ele rendist a sa serour
Son yretage, par paour;
Et si s'en aperchut il bien
Que ele ne l'en rendist rien,

Pour riens que dire li seüst,
Se force ou crieme n'i eüst.
Pour che qu'ele doute et crient,
Li dist: " Sire, or me convient
Que je faiche vostre talent,
Mes mout en ai le cuer dolent,
Et jel ferai que qu'il me griet;
S'avra ma suer che qui li siet
De sa part; de son yretaige
Li doins vous meïsme en ostaige
Pour che que plus seüre en soit.
- Revestés l'ent tout orendroit,
Fait li roys, et ele en deviegne
Vostre fame et de vous le tiegne;
Si l'amés conme vostre fame
Et ele vous conme sa dame
Et conme sa serour germaine. "
Ainssi li roys la cose maine
Tant que de sa tere est saisie
La puchele, si l'en merchie.

115b.6439
Et li roys dist a son neveu,
Au chevalier vaillant et preu,
Que ses armes oster se laist,
Et mesire Yvains, se li plaist,
Se relaist la siue tolir,
Car bien s'en puet or mais souffrir.
Lors se desarment li vassal;
Si se departent par igal.
Et c'onques* il se desarmoient,
Le leon courant venir voient,
Qui son seignour querant aloit.
Tout maintenant que il le voit,
Si conmenche grant joie a faire.
Lors veïssiés gens arrier traire;
Trestous li plus hardis s'en fuit.
" Estés, fait mesire Yvains, tuit.
Por quoi fuiés? Nus ne vous cache;
Nel doutés ja que mal vous faiche
Li leons que venir veés.
De che, se vous plaist, me creés,
Qu'il est a moi et je a luy;

164

Si soumes compaignon andui. "
Lors s'aseürent chil de voir,
Quant oïrent ramentevoir
Les aventures au leon,
De lui et de son compaignon,
C'omques ne fu autres qui ochist
Le felon gaiant maleït.
Et mesire Gauvains li dist:
" Sire compains, se Diex m'aït,
Mout m'avés hui avileni.

115c.6470
Mauvaisement vous ai meri
Le serviche que me feïstes,
Du gaiant que vous ocheïstes,
Ains n'eustes paour de ses manaches.
A vous ai je penssé grant pieche,
Et pour che en estoie je engoussox
Que on disoit que entre nous dox
Avoit amor et acointanche.
Mout i ai pensé sans doutanche;
Mes apenser ne me savoie
N'omques parler oï n'avoie
De chevalier que je seüsse
En tere ou esté eüsse
Que le chevalier au leon
Fust nus appelés en son non. "
Desarmés vont ainssi parlant,
Et li leons ne vint pas lent
Vers son seignour, la ou il sist.
Quant devant li fu, si li fist
Grant joie conme beste mue.
En enfremerie et en mue
Les en couvient tous deus mener,
Car a lors plaies resaner
Ont mestier de mire et d'entrait.
Devant li mener les en fait
Li roys, qui mout chiers les avoit.
Un surgien que il savoit
De plaie garir plus que nus
Lors fist mander li roys Artus.
Et cil du garir se pena
Tant que toz deus bien les sana

115d.6497
Au miex et au plus tost qu'il pot.
Et quant tous deus garis les ot,
Mesire Yvains, qui sans retour
Avoit son cuer mis en amour,
Vit bien que durer ne porroit,
Mais pour amors enfin morroit
Se sa dame n'avoit merchi
De li, qu'il se moroit pour li.
Et pense qu'il s'en partiroit
Toz sols de court et si iroit
A se fontaine guerroier;
Et s'i feroit tant fourdroier
Et tant venter et tant plouvoir
Que par force et par estouvoir
Li couvendroit faire a li pais
Ou il ne fineroit jamais
De la fontaine tourmenter,
Si feroit plouvoir et venter.
Maintenant que mesire Yvains
Senti qu'il fu waris et sains,
Si s'en parti, que nus nel sot,
Mais que avec li son leon ot,
Qui onques en toute sa vie
Ne vaut laissier sa compaignie.
Puis errerent tant que il virent
La fontaine, et plouvoir i virent*.
Ne cuidiés pas que je vous mente,
Que si fu fiere la tormente
Que nus n'en conteroit le disme,
Qu'il sambloit que jusque en abisme
Deüst fondre la forest toute.

116a.6528
La dame de son castel doute
Que il ne fonde tout emsemble;
Li mur crollent et la tour tramble,
Si que par poi qu'ele ne verse.
Miex vausist estre prins cm Perse
Li plus hardiz, entre les Turs,
Qu'il fust laiens entre les murs.
Tel paour ont que il maudïent

Trestous lors ancesors, et dïent:
" Maudis soit il li premiers hom
Qui fist en chest castel maison
Et chil qui chest castel fonderent!
Qu'en tout le monde ne trouverent
Lieu que on deüst plus haïr,
C'uns seus hons ne* puet envaïr
Et tormenter et traveillier. "
De ceste cose conseillier
Vous couvient, dame, fait Lunete.
Ne trouverés qui s'entremete
De vous aidier a chest besoing
S'on ne le va quere mout loing.
Jamais voir ne reposerons
En chest castel, ne n'oserons
Les murs ne la porte passer.
N'oseroit nus, sachiés de cler,
Chevaliers; pour cesti affaire,
Ne s'en oseroit avant traire
Touz li mieudres, bien le savés.
S'est ore ainsi que vous n'avés
Qui deffende vostre fontaine,
S'en samblerés fole et vilaine;

116b.6559
Mout bele honnor i ara ja
Quant sans bataille s'en ira
Chil qui si vous a envaïe.
Chertes, vous estes maubaillie
S'autrement de vous ne pensés.
- Tu, fait la dame, qui tant ses,
Me di conment j'en penserai,
Et je a ton los en ferai.
- Dame, certes, se je savoie,
Volentiers vous conseilleroie;
Mais vous ariés grant mestier
De plus raisnaule conseillier.
Pour che, si ne m'en os meller,
Et le plouvoir et le venter
Aveuc les autres soufferrai
Tant, se Dieu plaist, que je verrai
Chaiens venir aucun preudome
Qui prendra le fais et la some

De ceste bataille seur li.
Mais je ne cuit que che soit hui,
Si vaudra mout pis a vostre oés. "
Et la dame li respont loés:
" Damoisele, car parlés d'el!
Sachiés qu'en chiax de mon ostel
N'ai je certes nule atendue
Que ja par eus soit deffendue
La fontaine ne li perrons.
Mais, je vous pri, cor i metons
Nostre conseil et nostre senz!
Au besoing, tozjorz le dit en,
Doit on son ami esprouver.

116c.6590
- Dame, qui cuideroit trouver
Cheli qui le gaiant ocist
Et les trois chevaliers comquist,
Il le feroit boin aler querre.
Mais tant que il avra le guerre
L'ire et le courous sa dame,
N'a il sous chiel honme ne fame
Que il creïst, mien ensient,
Jusque on li jure et fiant
C'on fera toute sa puissance
De racorder la mesqueance
Que sa dame a si grant vers li
Qu'il en muert de duel et d'anui. "
Et la dame dist: " Je sui preste,
Ains que vous entrés en la queste,
Que je vous plevisse ma foy;
Et juerrai, s'il vient a moy,
Que je, sans gile et sans faintise,
Li ferai tout a sa devise
La pais, se je faire le puis. "
Et Lunete li respont puis:
" Dame, de che ne doutés rien
Que vous ne li puissiez mout bien
Sa pais faire, se il vous siet;
Mais du serement ne vous griet,
Que je le prenderai toutevoie
Ains que je me mete a la voie.
- Che, fait la dame, ne me poise. "

168

Lunete, qui fu mout cortoise,
Li fist tout maintenant hors traire
Un mout precieus saintuaire;

116d.6621
Et la dame est a genox mise.
Au jeu de la verité l'a prinse
Lunete, mout cortoisement.
A l'eschevir du serement,
Bien de son cuer juré li a
Chele qui eschevi li a.
" Dame, fait ele, hauchiés la main!
Mes ne veul pas qu'aprés demain
M'en metés sus ne che ne quoi,
Que vous n'en faites riens pour moi.
Pour vous meïsmes le ferés!
Se il vous plaist, si juerrés
Pour le Chevalier au leon;
Et vous, a boine entencion,
Vous penerés tant qu'il savra
Que l'amor de sa dame ara
Tout en tout si com il ot onques. "
Le main destre leva adonques
La dame et dist: " Trestout ainsi
Com tu l'as dit, je le t'otri,
Et si m'aït Diex et les sains,
Que ja mes cuers ne sera fains
Que je tout mon pooir n'en faiche.
L'amor li rendrai et la grace
Que il seut a sa dame avoir,
Se j'en ai forche ne pooir. "
Or a bien Lunete esploitié;
De riens n'avoit tel couvoitié
Com de che que ele avoit fait.
Et on li avoit ja hors trait
Un palefroi souef amblant.

117a.6653
Monte Lunete, si s'en va,
Tant que desous le pin trouva
Chelui qu'ele ne quidoit pas
Trouver a si petit de pas,
Ains cuidoit qu'il li couvenist

169

Mout querre ains qu'a lui parvenist.
Par le leon l'a conneü
Tantost conme ele l'a veü;
Si vient vers lui grant aleüre,
Si descent a le tere dure.
Et mesire Yvains la connut
De si loins conme il l'aperchut;
Si la salue, et ele lui.
Et dist: " Sire, mout lie sui
Quant je vous ai trouvé si pres. "
Et mesire Yvains dist aprés:
" Conment? Me queriés vous donques?
- Oïl, sire, et si ne fui onques
Si lie puis que je fui nee,
Que j'ai ma dame a che menee,
S'ele parjurer ne se veut,
Que tout ainsi conme ele seut
Iert vostre dame et vous se sire;
Pour verité le vous os dire. "
Mesire Yvains dont s'esjoïst
Et le damoisele tost prist,
Si le baise mout douchement.
Et puis dist ele: " Alons ent! "
Puis li demande: " Le non de moy
Avés nonmé? - Nai, par ma foy,
Ne ne set conment avés non

117b.6704
Se chevalier au leon non. "
Ainsi parlant s'en vont adés,
Et li leons tousjours aprés,
Tant qu'au chastel vinrent tout troi.
Le dame trouva devant soi.
Si tost qu'il le peut perchevoir,
A ses piés se laissa cheoir
Mesire Yvains, trestous armés.
Et Lunete, qui fu delés,
Li dist: " Dame, relevés l'en,
Et metés paine et forche et sens
A le pais faire et au pardon,
Que nus ne li puet, se vous non,
En tout le monde pourcachier. "
Lors l'en fait le dame drechier

Et dist: " Mes pooirs est tous soins
A sa volenté faire et ses boins
Et vaurrai mout mais que je puisse.
- Chertes, dame, ja ne deïsse,
Fait Lunete, se ne fust voirs.
Tous en est vostres li pooirs
...*
Ains n'eüstes ne ja n'avrois
Si boin ami conme chestui.
Dix doinst que entre vous et lui
Ait boine pais et boine amour,
Tele qu'il ne faille nul jour.
Dix le m'a fait si pres trouver.
Ja a le verité prouver
Ne couvient autre raison dire.
Dame, pardonnés li vostre ire,
Que il n'a dame autre que vous:

117c.6746
Ch'est mesire Yvains, vostre espous. "
A chest mot le dame tressaut
Et dist: " Se Damedix me saut,
Bien m'as a tes paroles prise;
Que chelui qui riens ne me prise
Me feras amer mal gré mien.
Or as tu esploitié mout bien!
Or m'as tu mout a gré servie!
Mix vausisse toute ma vie
Vens et orages endurer!
Et se ne fust de parjurer
Trop laide chose et trop vilaine,
Janmais a moi, pour nule paine,
Pais ne acorde ne trouvast.
Tousjours mais el cuer me couvast,
Si con li fus cueve en la chendre,
Che dont je ne veul or reprendre
Ne ne me chaut du recorder,
Puis qu'a li m'estuet acorder. "
Mesire Yvains ot et entent
Que ses afaires mout bien prent,
Qu'il ara sa pais et s'acorde,
Et dist: " Dame, misericorde
Doit on de pechaour avoir.

171

Comperé ai mon mal savoir,
Et je le doi bien comperer.
Folie me fist demourer,
Si me rent coupables et fourfait;
Et mout grant hardement ai fait
Quant devant vous osai venir.
Mais s'or me volés retenir,

117d.6777
Janmais ne vous fourferai rien.
- Chertes, fait ele, je le veul bien,
Pour tant que parjure seroie
Se tout mon pooir n'en faisoie
De pais faire entre vous et moi.
...*
- Dame, fait il, .v.c merchis!
Que, si m'aït Sains Esperis,
N'a honme sous le chiel mortel
Pour fenme feïst plus grant duel! "
Or a mesire Yvains sa pais.
Saichiés de voir que onques mais
Ne fu de riens nule si liés,
Conment qu'il ait esté yriés.
Mout en est a boin chief venus,
Qu'il est amés et chiers tenus
De sa dame, et ele de luy.
Ne li souvient de nul anuy,
Que par la joie les oublie
Qu'il a de sa tres chiere amie.
Et Lunete tient il mout aise:
Ne li faut chose qu'il li plaise,
Que ele l'a a gré servi.
De mesire Yvain lairons chi
Et de s'amie chiere et fine.
De si vaillant ronmans ne fine,
Chertains soient ronmancheour,
C'onques plus conter en nul jour
N'en oÿrent ne ja n'orront
Se menchonnes trouver n'i vont.
Explicit Yvag Explicit

CPSIA information can be obtained
at www.ICGtesting.com
Printed in the USA
LVHW082243211218
601375LV00013BA/165/P